글쓰기 사회학,
사회학 글쓰기

일러두기

이 책은 이례적으로 각주가 많은 편이다. 이를 뒤쪽에 미주(尾註) 형식으로 처리한 것은 본문만 읽어도 이 책의 메시지를 파악하고 이해하는 데 별 지장이 없기 때문이다. 다만 더 많은 정보와 약간의 재미를 원한다면 각주를 찾아 읽는 수고까지 꼭 당부드린다.

번역본의 경우 때로는 번역자의 원래 번역을 반드시 따르지 않기도 했다. 원서를 대조하면서 원저자의 뜻에 좀 더 가까이 다가가기 위한 조처였다.

글쓰기 사회학,
사회학 글쓰기

전상인

인문서재

머리말

혹시 이 책의 내용을 잘못 짐작하고 읽기 시작하는 독자들이 있을까 봐 단도직입적으로 말한다. 기본적으로 이 책은 글쓰기를 '위한' 것이 아니라 글쓰기에 '대한' 것이다. 곧, 이 책은 어떻게 하면 글을 잘 쓰게 되는지를 알려주려는 목적이 아니다. 글쓰기 방법을 가르치는 책은 이미 시중에 산더미처럼 나와 있다. 글쓰기를 가르치는 선생이나 교육기관 또한 부지기수다. 무엇보다 나는 그럴만한 능력이 없는 사람이다. 마음에 쏙 드는 글을 한번 써보는 게 내 평생 소원이기도 하다. 행여 글쓰기의 기법이나 요령을 공부할 수 있을까 하는 기대로 제목만 보고 이 책을 집어 들었다면, 당신의 선택은 틀렸다.

이 책은 글쓰기에 대한 은퇴 사회학자의 평소 생각을 공유해 보기 위해 쓰였다. 내가 보기에 오늘날 사회학은 일반 대중들 사이에 존재감이 작을 뿐 아니라 사람들의 지적 흥미를 유발하는 힘과 매력도 잃어가고 있다. 그 원인 가운데 하나를 나는 작금의 글쓰기 현실에서 찾는다. 이런 나의 문제의식에 대해 어떤 이는 인공지능(AI) 시대에 무슨 글쓰기 타령이라며 핀잔을 주었다. 하지만 또 다른 이는 똑같이 AI 세상이라는 이유로 오히려 용기를 주었다. 과연 어느 쪽이 옳을지, 판단은 독자들의 몫이다. 어쨌든 사회학에서 글쓰기의 중요성을 간과하게 된 저간의 사정, 그것이 안고 있는 다양한 문제점, 그리고 글쓰기의 활성화를 통한 사회학의 위기 극복 가능성을 살펴보는 것이 이 책에서 주로 하고 싶은 말이다. 사회학이란 궁극적으로 사람 사는 '이야기'로서, 글쓰기가 사회학이고 사회학이 글쓰기라는 것이 나의 핵심 주장이다.

대학에 재직하는 동안 가장 힘들었던 것 가운데 하나는 학생들의 논문 작성과 관련된 글쓰기 지도였다. 학생들이 쓴 글 가운데 읽기 힘든 것들이 너무나 많았고, 그들의 글쓰기 역량이 나아질 수 있다는 희망 또한 너무나 막연했다. 많은 교수들이 이를 걱정하는 것처럼 보였지만, 내가 보기에 그들이라고 사정이 딱히 나아 보이지는 않았다. 솔직히 그들이 글쓰기 문제를 놓고 진심으로 고민하는지 의문이 들 때도 한두 번이 아니었다. 사실 대학가의 잘못된 글쓰기는 대물림되는 측면이 있다.

글쓰기에 대한 이런저런 생각은 대학교수로 살면서 오랫동안 품어왔다. 그것의 첫 대외적 공개는 2014년 전주 우진문화공간에서 열린 한국문화사회학회 봄 학술대회에서 이루어졌다. 그때 "모국어로 사회학 하기"라는 주제로 논문 발표를 한 것이다. 그러다가 10년 뒤인 2024년, 한국사회과학협의회의 SSK(Social Science Korea) 지원사업단이 내게 동영상 〈석학강좌〉의 기회를 주었는데, 이때는 강의 제목을 "사회(과)학과 글쓰기"로 잡았다. 촬영 직후 기왕 말로 몇 시간 강의한 내용을 글의 형태로 한번 정리해 보자고 마음먹은 것이 이 책이 태어난 직접적 계기가 되었다.

하지만 의욕은 금방 후회로 변했다. 무엇보다 현역에서 떠난 사람이 괜히 일을 벌였다는 자괴감이었다. 왜 그랬을까를 설명하기 위해서는 우선 나부터가 갑갑하고 답답하다. 구약성경 〈전도서〉 12장 12절에 따르면 "많은 책들을 짓는 것은 끝이 없고, 많이 공부하는 것은 몸을 피곤하게 하느니라"고 했다. 백번 천번 옳은 말씀이다. 그럼에도 또 일을 벌이고 만 것이니, 재주나 취미가 달리 없는 사람이 소일(消日) 삼아 할 짓이라 변명할 뿐이다. 자신도 모르게 책을 쓰는 버릇을 저명 원로 사회학자 피터 버거(Peter

Berger)는 '집필증'(執筆症, compulsion to write)이라 불렀다.
외람되지만 혹시 나도 같은 증상을 겪고 있는지 모르겠다.
모쪼록 사람들에게 민폐만은 끼치지 말았으면 하는 바람
뿐이다.

2026년 새해 여명(黎明)을 바라보며
북한산 비봉 아래 자그마한 글방에서

차례

I 들어가며

1. 재미없는(?) 사회학

사회학에 대한 세간의 인식은 별로 호의적이지 않다고 느낄 때가 많다. 이는 사회학을 '진짜' 사랑하는 많은 사회학자들을 서운하거나 당혹스럽게 만들기도 한다. 어느 분야 할 것 없이 학문을 대하는 눈높이에 있어서 전문 지식인과 일반 사람들 간에 격차가 있기 마련이다. 학문의 세계는 대개 담장이 높고, 그 안에 속한 사람들 또한 '그들만의 세상'을 살아가는 경향이 있다. 그 결과, 남들 앞에 잘난 척한다는 인상을 풍길 때도 있고, 세상 물정에 어둡다는 이미지를 던지기도 하는 것이 바로 학자라는 사람들이다. 그럼에도 사회학의 경우에는 다른 학문 분야와 비교하여 그 정도가 좀 더 심한 편이 아닐까 생각한다.

우선 사회학이라는 말 자체가 일반 대중들 사이에 그리 친숙하지 않다. 예컨대 경제학이나 정치학, 역사학이나 철학이라고 하면 그게 대충 어떤 학문인지 어림짐작하는 게 그리 힘들지 않다. 적어도 약간의 감은 온다. 이에 비해 사회학은 상대적으로 낯설고 생소한 편이다. 사회학이라는 학문이 시작된 역사 자체가 짧을 뿐 아니라 사회학과를 설치한 대학도 비교적 많지 않은 우리나라 현실에서 특히 그렇다. 이는 서구의 경우 사회학이 고등학교 교과과정에 포함되어 있는 것과 사뭇 대조적이다. 비록 대부분 필수가 아닌 선택이지만 말이다, 1970년대 권위주의 시절 한국에서는 사회학을 '사회주의'와 동일시하는 분위기까지 있었다. 사회학에 대한 일종의 이념적 거부감이었다고나 할까.

게다가 사회학이 자신의 관심 영역이랍시고 사회 전체가 연구 대상인 것처럼 오지랖을 넓히는 태도에 대해서도 외부의 눈길이 마냥 곱기만 한 것은 아니다. 세상을 살아가는 모든 이는 각자 나름 '사회인'(社會人)인 바, 굳이 사회학자가 아니어도 조금씩은 사회에 대해 알고 있거나, 적어도 알고 있다고 생각하기 때문이다. 말하자면 보통 사람들

눈에 사회학이란 일부 전문학자들의 전유물이 될 정도로 대단하거나, 심오하거나, 난해한 것으로 비치지 않을 수 있다. 사회에 대한 아무런 입장도 없고 판단도 없이, 세상을 그저 흘러가는 대로만 살아가는 사람이 과연 존재할까? 세상을 살다 보면 누구나 조금씩 철학자가 되고 가끔은 시인이 되듯이, 모두가 나름 사회학자로 살아가는 것 아닐까?

사회학에 대한 일반 세상의 평판이 좋지 않은 이유로 흔히 손꼽히는 것은 '어렵고 뻔하다'는 점이다. 2010-11년 미국사회학회 회장을 역임한 랜들 콜린스(Randall Collins, 2014:5-6)에 의하면 "어떤 학문이든 목표로 삼아야 하는 것은 두 가지다. 명확해야 한다는 것(to be clear)과 뻔한 소리가 아니어야(to be non-obvious) 한다는 것". 하지만 오늘날 사회학 문헌은 추상적인 전문용어로 가득하여 무슨 말인지 알기 어려운 경우가 많을 뿐 아니라, 설령 이해한다고 하더라도 내놓을 만한 알맹이가 보이지 않는 때가 허다하다는 게 그의 진단이다. 다시 말해 이미 알고 있는 내용이나 친숙한 사실에 대해 그저 새로운 이름의 이론을 부여하거나, 자신들이 지어낸 특수한 용어를 내밀고 있을 뿐이라는 지적이다. 그래서 사회학에는 괜히 번잡스럽거나 왠지

지겹다는 이미지가 적지 않다.

이러한 '노잼' 사회학에 관련하여 사회학 안에서도 농담이 하나 있다(버거, 2012:8). 어떤 미국인이 주치의로부터 앞으로 일 년밖에 살지 못할 것 같다는 진단을 받았다. 그 통고를 받고 나서 환자는 한참을 고민하다가 의사한테 그럼 이제 어떻게 하면 좋겠냐고 물었다. 그러자 의사는 "사회학자와 결혼해 노스다코타(North Dakota)주로 가세요"라고 답을 했고, 이에 약간 기분이 좋아진 환자는 "그렇게 하면 제 병이 낫나요?"라고 되물었다. 그때 의사는 이렇게 답했다. "아니요, 그 대신 일 년이 아주 길게 느껴질 겁니다"라고. 참고로 미국 중북부에 있는 노스다코타주는 '재미없는' 곳으로 정평이 나 있다.[1]

실제로 일반 대중들이 가까이하는 소설 중에 사회학이나 사회학자에게 호감을 드러내는 사례는 별로 없다. 영화나 텔레비전 드라마 등에서도 마찬가지다. 당연한 이야기이지만 사회학자들조차 "자신들과 자신들의 학문이 대중소설에 부정적으로 투사되고 있다는 사실을 잘 알고 있다"(Kramer, 1979).[2] 토머스 벨러(Thomas Beller)의 단편소설 『다른 종류의 결함(Different Kind of Imperfection)』에 나오는 대사가 이런 사실을 대변한다. 전공 결정을 앞둔 미국의 어느 명문 리버럴 아츠 칼리지(Liberal Arts College) 2학년생이 겨울방학을 맞이하여 집에 돌아왔는데, 어머니가 진로에 대해 묻자 그는 이렇게 대답한다. "음, 아마도 사회학을 전공하지는 않을 거라는 것, 그것만은 확실히 말할 수 있어요". 이때 어머니는 안도의 숨을 내쉰다. 소설 속에는 어머니가 왜 그런 반응을 보인 이유에 대해 설명이 없다. 말하자면 사회학은 '그냥 싫다'는 분위기다(조주은·박한경, 2014:15-20 재인용).[3]

사회학이 본래 재미없는 것이었는지, 아니면 재미없게 변한 것인지는 한마디로 말하기 어렵다. 하지만 최소한 초기 고전사회학은 대중의 시선을 사로잡는 측면에서 볼 때 현대사회학보다 낫지 않았을까 생각한다. 토크빌(Alexis de Tocqueville)이나 마르크스(Karl Marx), 베버(Max Weber), 뒤르켐(Emile Durkheim), 짐멜(Georg Simmel) 등 유럽의 사회학 창시자들은 대체로 훌륭한 문장가이자 뛰어난 문필가였다. 말하자면 그들은 사회학적 '글쟁이'였다.[4] 그런데 20세기 중반 이후 미국 학계를 중심으로 사회학 언어가 점점 윤기와 생기를 잃어가더니, 최근에는 그런 경향이 확실히 더 심해졌다. 다시 말해 한편으로 어렵고, 다른 한편으로 뻔한 사회학이 대세가 된 것이다.

이와 관련하여 원로 사회학자 피터 버거는 사회학이 최근 수십 년간 두 가지 병을 앓고 있다고 지적한다(버거, 2012:8-9). 첫째는 "정량적(定量的) 방법에 적합한 사회현상이 아니면 연구하려 들지도 않는 지경까지 이른 맹목적인 (통계)방법론 숭배"이고 둘째는 "늘 똑같은 주문(mantra)만 되뇌고 있는 - 가끔은 풍부한 어휘를 구사해 가면서 - 이데올로기적 선전"이다. 전자의 경우 연구비 지원 때문에 사회학자들이 "정교한 방법으로 사소한 문제를 연구"하는 경향이 늘어간다는 의미이고, 후자의 경우는 비록 30년 전에는 흥미가 있었을지 몰라도 "이제는 하품이 나오는" 진부한 주제를 다룬다는 뜻이다.[5]

그래서 버거 자신은 "최근 나는 체계적인 전문 분야로서의 사회학과 거리를 뒀다"고 밝힌다. 사회학이 "내 마음에 들지 않는 방향으로 나가고 있기 때문"이라는 이유에서다(버거, 2012:356). 저명 역사사회학자 테다 스카치폴(Theda Skocpol)도 이에 동감한다. 스카치폴은 "컴퓨터의 도래와 효과적인 통계 기술의 발전, 여기에 (…) 논문을 신속히 제출하라는 압박 등이 더해져, 많은 이들이 천편일률적인 데이터를 부여잡고 이 데이터를 몇 차례 테스트한 후 그대로 연구를 종결한다. 정말 불행한 일이다"라고 언급한 바 있다. "일단 무엇이 질문 혹은 문제가 되는지, 그리고 이와 관련한 이론적 아이디어가 무엇인지 판단한 후에 이 아이디어를 검증하고 개선할 데이터를 찾는", 이른바 "질문 혹은 문제 중심 연구(question or problem driven research)가 오늘날 드물어졌다는 것이 그녀의 판단이다(뭉크·스나이더, 2012b:426-427).[6]

현재의 사회학 위기론이 일부 구세대 서구 사회학자들의 주관적 느낌만은 아니다. 어쩌면 이는 글로벌 팩트다. 국내도 마찬가지라기보다 오히려 더 심하다고 말해야 할지 모른다. 이때 핵심적 원인으로 지목되는 것이 대중과의 유리다. 가령 정수복은 한국 사회학이 대중의 무관심 속에, 혹은 정체된 학문적 성과로 인해 위기에 처한 것만은 분명하다고 진단한다. 사회와 절연되고 시민과 격리된 "오로지 '사회학자들을 위한 사회학'이 되어버렸다"는 것이다(정수복, 2022:345). "호사가들의 허망한 지식 견주기나 사회조사기법의 현란한 테크닉에 의해 살해당할 지경에 처한 사회학이라는 학문"은 노명우의 표현이다(노명우, 2013:6). 그는 한국의 사회학은 세상 물정에 어둡고, 한국의 사회학자들은 세상으로부터 고립되어 있다고 주장한다(노명우, 2013:264). 최종렬은 "한국사회의 문제적 상황을 해결하기 위해 누가 사회학자의 글을 읽는가? 사회학자 외에 누가 〈한국사회학〉을 읽는단 말인가?"라고 일갈한다. 우리 사회엔 '사회'에 관심 없는 사회학자가 너무나 많고, 설사 있다해도 '사회적 삶의 의미'에 대해서 눈 감은 사회학자 또한 너무나 많다는 탄식이다(최종렬, 2009:18).

한때 한국에서 사회학의 황금기 혹은 호시절(好時節)이 있었다. 송호근에 의하면 그것은 1980년대다. 그때는 사회 전반적으로 비판의식을 필요로 하는 분위기였고, 저항과 부정을 모색하는 학생운동이 정점을 찍던 무렵이었다. 사회학이 사회주의로 오해받던 시절이기도 했다. 사회학을 여행객들이 모였다가 흩어지는 공항의 로비에 빗댄 송호근의 설명은 이렇다(송호근, 2013:121-122). 1980년대에는 경제학, 인류학, 사회복지학, 심리학, 법학 등 특정 목적지를 향하기 이전에 공항의 사회학 로비가 크게 붐볐다. 어떤 게이트로 가야 할지 고민하고 논의하기 위해서였다. 하지만 민주화 이후 비판보다는 적응이 새로운 시대정신이 되고 분야별 전문성이 각광을 받기 시작하면서 사회학 로비를 경유하는 여행객은 크게 줄었다. 그 이후 사정이 점점 더 악화되어 마침내 현재는 국내 대학 사회학과 자체의 존립이 위협받을 정도가 되었다.[7]

2. 사회학의 숨은 위기 - 글쓰기

오늘날 사회학이 '노잼'이 된 이유를 일일이 밝히기란 것은 쉬운 일이 아니다. 또한 사회학자들이 이러한 현실 진단에 일제히 동조한다는 보장도 없다. 어쩌면 그들끼리는 여전히 사회학의 가치를 확신하면서, 나름 재미를 즐길지도 모른다. 말하자면 사회학에 남다른 자긍심을 느끼는 사회학 숭배론자 내지 불패론자다. 그러나 중요한 것은 역시 일반인의 생각과 눈높이다. 보통 사람이나 독자 대중이 느끼기에 사회학의 담은 여전히 높고 두텁다. 소통의 부재 혹은 실패가 낳는 심각성은 아무리 강조해도 지나치지 않다.

사회학의 연구 방법과 글쓰기 문제를 오랫동안 성찰해 온 하워드 베커(Howard S. Becker)의 주장처럼, 모든 업계(trade)에는 각기 술책(術策, trick)이 있다(Becker, 1998). 여기서 술책은 나쁜 의미가 아니다. 그것은 어떤 문제를 해결하는 데 도움이 되는 간단한 고안물로서, 학계는 학계 나름의 술책이 있고 사회학에는 사회학 나름의 술책이 있다. 아무리 지식인이 모인 학계라고 해도 결코 특별히 거룩하거나 고상한 집단은 아니다. 크게 보면 산업 분야 등에 전형적으로 존재하는 것과 별로 다를 바 없는, 또 하나의 업계일 뿐이다. 지적 생산물을 '상품'으로 포장하고 이를 '유통'한다는 점에서는 학계도 일반 업계와 많은 것을 공유한다. 사실 이는 모든 전문직 분야에서 그렇다.[8]

사회에 관련하여 생산된 지식이 그 형태를 세상에 드러내는 방법은 다양하게 열려있다. 어떤 한 가지만 존재한다거나 어떤 것이 가장 낫다고 주장할 수 있는 절대적이거나 선험적인 기준은 없다. 하지만 제도권 사회학은 사회의 재현(representations of society)과 관련하여 일종의 독점권을 가진 것처럼, 그리고 그것이 '진짜'인 것처럼 나서기 좋아한다. 학계라고 하는 사회조직의 명성이나 권위로써 말이다. 아무리 외부에서 이런 일이 표준적 전문가 집단에 의한 권력남용이라 비판해도 실제 돌아가는 현실은 어쩔 수 없이 그렇다(Becker, 2007:6). 이 때 학계 내에서 사회에 대한 '재현적 생산물'(representational products)이 취할 수 있는 구체적 형태는 여러 가지다. 여기에는 이념형, 수학적 모델, 도표나 차트와 같은 그림 형태, 사진이나 영상, 희곡적(戲曲的) 기법, 민속지, 사실주의 소설이나 공상 소설 등이 모두 포함된다.

하지만 사회의 재현 방식으로 가장 대표적인 것은 아무

래도 글쓰기다. 글쓰기가 갖고 있는 수많은 한계점에도 불구하고 사회학의 생산자들과 소비자들은 거의 대부분 글을 통해 서로 만난다. 그러므로 오늘날 사회학의 문제는 글쓰기 방식을 통한 소통이 여의치 못하다는 사실로 귀결할 수밖에 없다. 이와 관련하여 베커는 "사회학자들이 글을 매우 못 쓴다는 사실은 모든 사람이 알고 있다"고 단언한다. "엉망으로 쓰인 글을 '사회학'이라고 말하는 농담까지 생겨났을" 정도라는 것이다(베커, 1999:25). 요컨대 주로 글로 소통하는 사회학이 정작 글을 제대로 못 쓰는 사회학자들 때문에 위기를 자초하고 있다는 진단이다.

글을 잘 못 쓴다는 사회학에도 물론 사연과 변명은 있다. 사회학자 개개인들의 성의 문제나 능력 부족 탓으로만 돌릴 수 없는, 이를테면 사회학 분야 특유의 사정이 있을 수 있다는 의미다. 이는 일차적으로 사회학 자체가 상대적으로 '신생' 학문이라는 사실에 기인한다. 사회학은 역사학이나 철학은 물론 정치학이나 경제학, 심리학, 인류학보다 출발이 늦었던 학계의 '막내'였다. 18세기 중엽에 첫 선을 보인 사회학은 따라서 기존 학문 분야와 차별화하는 데 큰 어려움을 겪었다(Collins, 1994:38-46). 이에 사회학은 자신의 궁극적인 독자가 되어야 할 일반 시민의 눈높이에 어필하는 대신, 제도권 학문의 일원이 되어 아카데미즘 내부에서 시민권을 확보하는 데 우선 주력했다. 그 결과, 19세기 말에 이르러 사회학은 비록 대학 내에 한 자리를 차지하는 데는 성공했지만 대중적 관심이나 흥미로부터는 그만큼 멀어지고 말았다.

초창기 사회학이 다른 학문 분야와 어깨를 나란히 하려고 애쓰는 과정에서 사회학자들의 글쓰기에 태생적으로 내재화된 것 가운데 하나는 '조심성'이다. 사회학 저술에 '행위 주체'(agency)에 해당하는 주어가 분명히 드러나지 않는 전통이 이때 생긴 것이다(베커, 1999:33-37). 어떤 일이 일어났을 경우, 사회학은 누가 무엇을 어떻게 했는지에 대해 모호하게 설명하는 말투를 일부러 선호해 왔다. 말하자면 사회변동의 행위자(actors)를 구체적으로 특정하기보다 '거대한 사회구조'나 '거시적 사회과정'과 같은 익명성 개념 속에 감추는 경향이 많았다. 그 결과, 수동태 구문이 많아지고 추상명사가 늘어나게 된 것이다.[9]

베커에 의하면 사회학자들이 이처럼 자신의 주장을 소극적으로 진술하는 태도는 "만일 다른 방식으로 글을 쓴다면 다른 사람들이 (사회학자들의) 명백한 오류를 잡아내어 조롱할지도 모른다는 두려움 때문"에 나왔다. "비판에 대해 방어할 수 없는 대담한 진술보다는 무난한 진술이 더 나을 것"이라는 사회학의 판단은, 요컨대 학계 안에서 기득권을 차지하고 있던 오래된 다른 학문의 눈치를 본 결과라고 말할 수 있다. 다시 말해 학문 세계의 후래자(後來者)로서 취할 수밖에 없었던 생존방식 내지 처신술이었던 셈이다.

사회학자들의 글쓰기를 망친 또 다른 강박관념은 '조급성'이다. 어떤 면에서 '조심성'과 '조급성'은 동전의 양면이라 볼 수 있다. 본래 학자라는 직업은 지식이나 재능의 측면에서 자신이 동료나 타인보다 낫다는 점을 보여주고 싶어하는 강한 속성을 갖고 있다. 다루거나 다투는 내용이 이른바 '진실 내지 진리' 영역이기에 더욱 그렇다. 버거는 사회학자들이 글쓰기 실력 향상에 노력하기보다 통계 기법 중심의 방법론에 집착하게 된 것은 알게 모르게 "상대적으로 신생 학문이 기존의 학문 대열에 끼고 싶은 욕망"의 결과라고 해석한다(버거, 2023:29). 요컨대 제도권 학자로서 빨리 인정받는 길을 글쓰기가 아닌 방법론 분야, 곧 계량분석 방법에서 찾은 것이다.

글을 쓸 경우에도 사회학은 평이함이나 명료함 대신 난해한 문장을 선호하는 버릇이 생겨났는데, 이 역시 조급성과 무관하지 않다. 이와 관련하여 1950-60년대 미국 사회학계의 '비주류' 스타, C. 라이트 밀즈(C. Wright Mills)는 다음과 같이 말했다. "학문적인 글이 평이한 가운데 명료하게 쓰이지 않는 것은 주제의 복잡성이나 사고의 심오함과 거의 상관이 없으며…학자가 자신의 지위를 걱정하는 것과 거의 전적으로 관계가 있다"(밀즈, 1959:218-219, 240). 말하자면 "지위에 대한 사회학자들의 욕망이 남들이 이해할 수 없는 글을 쓰게 만들며, 역설적으로 이는 자신이 원하는 지위를 갖지 못하게 만드는 이유 가운데 하나"가 되어 부메랑처럼 되돌아왔다. 어떤 의미에서 '지식의 저주'(curse of knowledge)다.[10]

물론 경우에 따라 전문적 용어가 필요할 수는 있다. 하지만 '전문적' 용어라고 해서 반드시 난해한 것은 아니며, 도대체 알아듣기 힘든 특수 용어는 더욱더 아니라는 게 밀즈의 생각이다. 확실히 사회학자들 가운데는 '멋있고 똑똑해 보일 수 있는 문체'에 집착하는 경우가 많은데, 스스로는 그것이 '학문적인 글쓰기'라고 믿기 때문이다(베커, 1999:59-63, 66-67). 가령 '여윳돈'을 '잉여 소득', '집안일'을 '제3의 노동'이라고 표현하는 식이다. 사회학자들은 상류 지식 계급으로 상승 이동하기 위한 방책으로 간단한 단어 대신 거창한 단어를, 평범한 단어 대신 난해한 단어를 선호하는 경향이 있다는 지적이다.

이런 현실은 한국이라고 예외는 아니다. 예외가 아닌 정도가 아니라 오히려 더 심한 편이다. 이와 관련하여 국내 출판계에서 오랫동안 인문사회과학 분야의 문장을 지켜본 어느 전문 편집인은 자신의 경우 "우리나라 학술 언어의 첫인상은 '외계어'나 다름 없었다"고 회고한다(지비원, 2021:12). 딱 꼬집어 사회학 분야라고 언급하지는 않았지만 그는 "일상적인 글과 학술적인 글 사이의 쉽게 오갈 수 없는 간극"을 지적하면서 후자의 경우 "내가 알고 있는 한국어가 맞는가?"하고 의심까지 했다고 한다(지비원, 2021:23). 그는 무릇 "책이란 독자에게 다가가지 않는 한, 때로 존재만으로는 인정받지 못한다…널리 읽히지 않으면 그게 곧 실패"라고 믿는다(지비원, 2021:24). 비단 학술 분야만 그런 것이 아니라 칼럼 같은 대중매체의 글도 학자가 쓴 것은 "일반적인 언어생활과 크게 동떨어져 있고, 확장성도 부족하다"는 것이 그의 지적이다(지비원, 2021:63).

글에 대한 사회적 책임은 일차적으로 글을 쓴 이에게 있다고 보아야 한다. '안 읽는' 독자들을 탓하기 전에, 글쓰기를 직업으로 갖고 있는 사람들의 잘못이 먼저인 것이다

(지비원, 2021:8-22). 이에 반해 우리나라의 지식인 연구자들은 '책을 안 읽는 사람들'에게 별반 관심이 없다. 논문 쓰기가 주업인 그들은 평가하고 평가받는 일에 익숙한데, 이때 '평가'란 자신들과 비슷한 지적 수준에 이른 사람들끼리 이루어질 뿐이라 생각하는 경향이 있다. 그 결과, 그렇지 않은 사람들을 향해 "그렇다면 배워라, 이 정도는 알고 있어야 하는 게 아니냐! 이 정도는 당연히 따라와야 하는 게 아니냐"라는 식의 억지 주장으로 이어지기 십상이다. 그 결과 우리나라의 학술적 글쓰기는 "일방통행, 불통, 오만" 투성이다(지비원, 2021:141-142).

국내 인문사회과학 분야 가운데 일반독자들과의 소통과 관련하여 사회학이 가장 크고 많은 문제를 안고 있다고 단정하기는 어려울 것이다. 하지만 사회학 분야가 다른 전공에 비해 사정이 별로 나아 보이지는 않는 것만은 부정하고 싶지 않다. 사회학 분야 책 가운데 대중들과 친근한 것은 양적으로 많지 않다. 무엇보다 임용이나 승진에 관련하여 외부 평가를 중시하는 대학교수들에게 단행본 출간은 뚜렷한 매력도 없고 별다른 유인도 없다. 업적 심사 시 단행본은 논문과 겨우 동급(同級)이거나, 오히려 더 낮은 점수를 얻는 경우가 많다. 설령 좋은 책을 낸다고 해도 국내 독서

시장의 규모 자체가 워낙 작아 사회학 분야의 베스트셀러
란 사실상 언감생심(焉敢生心)이다. 준(準)학술 에세이 성격
의 인문사회과학 분야 계간지들도 언제부턴가 종적이 묘
연하다. 그러다 보니 독자들에게 가깝게 다가가는 좋은 글
쓰기 무대는 대단히 좁아져 있다. 글쓰기 문제에는 학자들
의 잘못이 가장 크겠지만 저술 및 출판 환경이나 국민 독
서 수준 등 다른 사회적 요인의 책임도 결코 가볍지 않다.

3. 글쓰기 문화, 한국 vs. 선진국

　보다 안타까운 것은 우리나라 학계 전반은 물론 사회학
계 안에서도 글쓰기 문제를 별로 심각히 받아들이지 않는
다는 점이다. 어렵고 뻔하다는 이유로 일반 시민들이 사
회학을 외면하는 현상에 대해 별다른 당혹감이나 불안감
을 느끼지 않는 분위기도 문제지만, 글쓰기의 중요성 자체
에 대해서도 학계 내부적으로 진지하게 임하지 않고 있다.
사회학계 전체 차원에서 글쓰기 문제가 본격적으로 이슈
화된 적이 거의 없다. 이에 비해 선진국의 경우 글쓰기에
대한 사회적 관심은 높고 제도적 기반 또한 튼튼한 편이

다. 대학은 대학 대로 글쓰기 교육에 큰 공을 들이고 있으며 학문 세계와 시민사회를 연결하는 출판사의 역할도 가볍지 않다. 서점 역시 비즈니스 업체이면서 동시에 중요한 문화적 행위자로 인식된다.[11]

미국의 대학은 '혹독한' 글쓰기 수업으로 유명하다. 글쓰기는 정규수업의 일부일 뿐 아니라 특히 멘토링의 핵심 영역이다. 오늘날 세계 학계를 선도하고 있는 미국 대학의 힘은 글쓰기 교육으로부터 나온다고 해도 과언이 아니다. 대표적으로 하버드 대학은 미국에서 가장 오래된 글쓰기 교과과정을 갖고 있다. 이는 1872년에 만들어졌는데, 일반적으로 '논증적 글쓰기 프로그램'(Expository Writing Program), 줄여서 '익스포스'(Expos)라 불린다. 하버드 입학생들은 누구나 이 수업을 의무적으로 수강해야 한다. 여기에는 기초단계에서 심화 수준에 이르기까지 80개 이상의 강좌가 개설되어 있으며, 매년 주제가 조금씩 달라진다. 하버드만 아니라 다른 대학들도 이와 유사한 교육 프로그램을 운영하고 있다.

논증적 글쓰기의 핵심은 '논리적 설득'(exposition)인데, 이는 중요성에 있어서 서술(narration)이나 기술(description), 논쟁(argumentation) 등을 능가한다. 하버드에서는 논증적 글쓰기를 딱딱한 논문이 아닌 가벼운 에세이에 담는다. 왜냐하면 이런 형식이 거의 모든 글쓰기에 쓰임새가 많기 때문이다(송숙희, 2022:125-129).[12] 하버드 글쓰기 프로그램을 오랫동안 운영해 온 하버드대 낸시 소머스(Nancy Sommers) 교수에 의하면 "논리적 글쓰기 능력은 단순한 학습효과를 뛰어넘어, 능동적이고 논리적인 사고를 지닌 사회인으로서의 덕목"이다. "지식인은 글쓰기로 완성된다"는 것이 그의 지론이다.[13] 실제 하버드 졸업생들 90%가 사회에 나와 가장 도움이 된 수업으로 '논증적 글쓰기'를 꼽았다(송숙희, 2022:43-44).

유럽에서도 학문의 세계와 일반독자 사이에 거리가 멀지 않은 편이다. 이 또한 에세이 전통에서 나온 것이다. 사실 에세이라는 글쓰기 형식의 시작 자체가 유럽이다. 에세이는 1580년에 나온 프랑스의 철학자 몽테뉴(Michael De Montaigne)의 『수상록(Essais)』이 그 시초다.[14] 영어 Essay에 해당하는 불어 'Essai'는 '시도하다' 혹은 '애쓰다'는 뜻을 가진 동사 'essayer'에서 나온 것으로, 문장의 전개 방식은 상대적으로 가볍고 소탈하나, 심오한 주제를, 일상적 소재와 자전적 에피소드를 통해, 탐구적이고 진지하게, 그리고 비평적으로 다룬다는 특징이 있다. 에세이는 '붓 가는 대

로 쓴다'는 수필과는 성격이 다소 다르다.[15]

「메리엄-웹스터(Merriam-Webster)」 사전은 에세이를 "대개 제한적 또는 개인적 관점으로부터 도출된 주제를 다루는 분석적 혹은 해석적 문학 작문"으로 정의한다. 이에 비해 논문은 보다 특수한 형태의 에세이로서, 제도권 학문 체계 속에서 동료 평가(peer review)를 거치고 인용과 피인용이 관례화된 방식의 글쓰기다. 요컨대 에세이는 다소 학술적이긴 하지만 웬만한 문해력을 갖춘 사람이라면 읽을 수 있는 수준의 글쓰기 장르다. 따라서 에세이의 가치는 내용 못지않게 글쓰기 역량에 의해 좌우된다. 형식이나 문체가 천편일률적인 '학술논문'에 비해 '학술적 에세이'에서는 개성이나 스타일이 상대적으로 잘 드러나기 때문이다.

프랑스의 계몽주의 사상가들은 다양한 장르의 글쓰기를 통해 대중과 소통하는 데 익숙했던 소위 '작가'(écrivain)들이었다.[16] 이들은 단순히 글을 쓰는 사람이라는 의미가 아니다. 대신 시대와 사회에 대한 책임 있는 발언자 혹은 문화적 권위자로 인식된다. 루소(Rousseau)와 볼테르(Voltaire), 디드로(Diderot), 몽테스키외(Montesquieu) 등은 역사와 문학, 예술과 과학 분야의 새로운 지식을 바탕으로 프랑스혁명 이후의 새로운 시대를 열었다. 이들은 논문, 백과사전, 소설, 희곡, 에세이, 팜플렛, 서간문 등에 자신의 생각을 대담하고 자유분방하게 실었다. 작가들이 이용한 매체가 이처럼 다양했던 것은 그 무렵 정치적 검열과 탄압이 심했기 때문이다. 어쨌든 이 과정에서 프랑스에서는 '작가'라는 특별한 사회적, 문화적, 지적 위상이 만들어졌다. 오늘날에도 프랑스에서는 학자들이 아카데미즘과 저널리즘의 세계를 자유롭게 오간다. 저서를 쓰더라도 학술서 대신 일반 교양 독자를 대상으로 하는 경우가 더 많다(정수복, 2015a:328-329).

유럽의 글쓰기 문화와 관련하여 영국 빅토리아 시대(1837-1901)의 유산도 빼놓을 수 없다(앨틱, 2011:112, 117-118, 124, 392). 이 시기에는 산업혁명의 결과 중산층이 성장했으며 공교육 제도 정착에 따라 문해율이 전반적으로 향상되었다. 이를 배경으로 하여 교양 시민계급이 중요한 인구 집단으로 떠올랐다. 배우기 위해 읽기를 열망했던 이들을 위해 빅토리아 시대를 풍미한 것은 "흥미로운 주제를 진지하지만 무겁지 않은 방식으로, 익살스럽거나 지나치게 공들여 반짝이는 표현을 쓰기보다는 세련된 품위를 유지"했던 이른바 '고급 저널리즘'이었다. 빅토리아 시대 사람들은 "신문과 잡지가 설교단이나 대포보다 더 강력하다"고 믿었다. 글쓰기는 도덕과 절제 등을 강조하던 빅토리아 시대정신과도 자연스레 상통했다.[17]

일본의 경우 전통시대부터 나름의 글쓰기 문화가 존재했다. 속내를 감추는 '혼네(本音)·다테마에(建前)' 문화라든가 분위기 파악을 의미하는 '쿠우키(くうき, 空氣) 읽기' 관행 탓에 자신의 생각을 남들 앞에 논리적으로 문장화하는 일이 사회 분위기 상 쉽지 않았음에도 불구하고 말이다. 일본은 한자를 수용하면서 일본 고유의 언어 구조에 맞게 가나(假名)를 창제한 것을 계기로 서사적, 서정적 글쓰기부터 발전하기 시작하였다. 특히 귀족 여성들의 작품 활동이 눈에 띄었으며 헤이안(平安) 시대에는 무사들의 문필 활동도 활발하였다.

근세 이후 일본의 글쓰기 문화를 특별히 촉진한 요인들이 있다. 하나는 출판업의 융성이고 또 다른 하나는 높은 독서열이다. 이들의 뿌리는 둘 다 에도(江戶)시대까지 거슬러 올라간다. 임진왜란 직후 조선과 유럽에서 건너온 목판 인쇄 기술은 사무라이(武士)를 제치고 조닌(町人)이 득세하기 시작한 에도시대에 이르러 출판업의 번성으로 이어졌다(스기모토 쓰토무, 1997:205-206).[18] 에도시대 출판업은 판권

(板權) 개념의 자생적인 형성과 함께 대본업(貸本業)을 통한 사업 규모의 전국화 및 대형화로 이어졌고, 이 점은 오늘날 일본을 세계적인 출판 강국으로 만든 토대가 되었다(신상목, 2017:88-103).[19]

일본의 에도시대에는 교양서나 계몽서가 다수 출판되었고 특히 에도 막부(幕府) 후기에는 글 쓰는 행위가 하나의 직업 활동으로 인정받게 되었다(스키모토 쓰토무, 1997:206-207). 그리고 막부는 정책적으로 글을 가까이하는 식자층 인구를 크게 늘였다. 19세기 초 일본 전역에는 읽기와 쓰기, 주산 등 서민들을 대상으로 하는 실용적 교육의 산실인 '데라코야'(寺子屋)가 1,200-1,300개 정도 있었다고 한다. 사찰이 교육기관 역할을 담당했기에 '절의 아이들'이라는 이름을 얻게 된 것이다.[20] 1930년대에 전개된 '츠즈리가타(綴方)' 운동도 아동들이 획일적 주입식 교육에서 벗어나 생활어와 구어체를 중심으로 스스로 겪은 경험과 감정을 글쓰기를 통해 솔직히 드러내게 하려는 교육 캠페인이었다.

이러한 출판대국 및 독서강국을 배경으로 하여 일본에서는 학술영역과 대중독자 사이의 소통이 비교적 원활하고 활발한 편이다. 우선 이는 학술서가 아니라 학술서의

바로 밑 단계에 해당하는 문고판 '신서'(新書) 간행과 관련
되어 있다(지비원, 2021: 69-74). 신서란 대학생 또는 대학생
수준의 교양 있는 시민이 되고 싶은 사람들의 지적 욕구에
맞춘 교양서를 의미한다. 이와 더불어 '양서'(良書), 곧 좋은
책을 출간하게 되는 지식생태계도 눈여겨볼 만하다. 선진
국이라면 대부분 그렇지만 일본에서 출판인의 위상과 편
집자의 수준은 매우 높은 편이다. 이들은 단순한 교정자나
실무자 역할을 넘어 저자와 독자를 매개하는 유기적 연결
고리 역할을 수행한다. 말하자면 일본의 출판·편집인들은
저자와 함께 책을 기획하는 공동 제작자로 인정받는 경우
가 많다.[21] 덧붙여 일본에서는 서점이 문화공간의 핵심적
일부로 인식되고 있다.[22]

　그렇다고 해서 일본의 지식인들이 평균적으로 글을 잘
쓴다는 뜻은 아니다. 일본에서도 글쓰기에 관련된 사회적
고민이 크다. 글쓰기 교육이 '혹독한' 미국 대학에 비해 사
실 일본의 대학들은 글쓰기 교육 자체에 대해 상대적으로
느슨했던 측면이 있다. 일본에는 쓰기란 남에게 배우는 것
이 아니라 선천적인 재능이라고 생각하는 분위기가 강하
다. 초등학교에서 글자는 가르치고, 중고등학교에서 문법
은 가르쳐도, 글쓰기 실력 증진을 따로 목표로 하는 경우

는 많지 않다. 학원이나 입시 전문학원에서 '소논문(논술)' 쓰는 방법을 가르치기는 하지만 이는 진짜 글쓰기 방법이 아니라 높은 점수를 얻고자 하는 진학용 실리적 글쓰기에 가깝다(우치다 다쓰루, 2018:20-21).

근래에 들어와 일본의 대학은 글쓰기 교육의 중요성에 새삼 눈길을 돌리고 있다. 대표적으로 도쿄대학 교양학부에서 1993년부터 문과계열 신입생을 상대로 개설한 필수 과목 〈기초연습〉을 지적할 수 있다. 여기에 맞춰 간행된 책이 도쿄대학 '지(知)시리즈' 4권, 곧 『지의 기법』, 『지의 논리』, 『지의 윤리』, 그리고 『지의 현장』이다. 이는 사회학과 같은 문과계열의 학문은 인위적으로 설계된 형식언어(Formal Language)가 아니라 역사적 및 사회적으로 진화하는 자연언어(Natural Language)에 뿌리내리고 있다는 전제에서 출발하고 있다(고바야시 야스오·후나비키 다케오, 1996:17). 다시 말해 글쓰기의 중요성을 대학 차원에서 재인식한 결과다.

도쿄대학의 지(知)시리즈는 "학문의 본질은 그와 같은 언어가 부단히 재편성되고 갱신되어 가는 역동성 속에 들어 있기에", 언어 그 자체를 늘 새로이 가다듬고 창조해 가는 것이 매주 중요하다고 생각한다(고바야시 야스오·후나비키 다케오, 1997:16-17). 고등학교 이전과는 달리 역사가 아닌 역사학, 경제가 아닌 경제학, 사회가 아닌 사회학를 배우는 곳이 바로 대학이라 할 때, 대학은 바로 그와 같은 "배우는 방법을 배우는" 곳이며 그와 같은 배움의 핵심 과정이 바로 글쓰기라는 것이다(고바야시 야스오·후나비키 다케오, 2000:283-286).[23]

II 왜 사회학에서 글쓰기가 퇴조하는가?

1. 지식 미디어·플랫폼의 변화

좋은 글쓰기가 사라지는 일은 사회학에 국한된 현상이 아니다. 보다 거시적으로 그것은 우리 시대의 역사적 사회 변동에 맞닿아 있는 사안이다. 바야흐로 세상은 글과 책의 시대에서 말과 영상의 시대로, 아날로그 문명에서 디지털 문명으로 급속히 전환 중이다. 오늘날에는 글쓰기가 더 이상 남들에게 우쭐거릴만한, 남들이 부러워할 법한 소통 수단이 아니다. 각기 다른 방식으로 누구나 할 말을 다 하고 사는 세상이 되었기 때문이다. 이에 어떤 문학평론가는 1990년대 중반을 전후로 한국 사회에 "선지자(先知者)

의 시대에 이어 약장수의 시대가 왔다"라고 선언했다(김태환, 2013:306). 정보화 혁명과 관련하여 "문자 시대가 거(去)하고 전자시대가 래(來)하다"라는 표현도 등장했다(이남호, 2004). 과거 '리테라티'(literati), 곧 문사(文士)계급 자리를 차지한 오늘날의 '디제라티'(digerati, digital+literati)는 "모든 사람이 하이퍼텍스트를 통해 지식 디자이너가 되는" 전례(前例) 없이 새로운 시대를 열었다(최혜실, 2000:3, 35-51).

일찍이 캐나다의 영문학자이며 커뮤니케이션 이론가인 마샬 맥루한(Marshall McLuhan)이 "미디어는 메시지"(The medium is the message)라 말했듯이, 매체는 단순한 정보전달 수단에 그치는 것이 아니라 콘텐츠 자체를 좌우한다(맥루한, 2001:7-24). 어떤 미디어인가에 따라 "인간의 척도가 달라지고 혹은 진도가 달라지며 혹은 기준이 달라진다"는 이유에서다. 사람들이 '메시지를 찾아다니는' 것이 아니라 '미디어를 쫓아다니는' 시대를 맞이하여, 전통적 방식의 글쓰기는 효용성이나 즐거움 측면에서 공히 자신의 기존 입지를 상실하고 있다. 지식 미디어 및 플랫폼의 획기적 변화에 맞서 글쓰기는 마침내 사라질 운명에 처한 게 아닐까?[24]

이러니 누가 글쓰기에 목숨을 걸거나 영혼을 불사르겠

는가? 누가 글쓰기에 살을 깎고 뼈를 갈겠는가 말이다. 말에 대한 글의 우월적 지위가 무너지는 가운데 목하 문자 언어는 급속히 기율 붕괴 중이다. 받아쓰기나 일기 쓰기, 독후감 작성 등 이른바 '공들여 쓰는 교육'이 학교에서 사라지면서 문해력 또한 하루가 다르게 하락하고 있다. 문법 파괴에 대한 거부감이 크게 줄어드는 가운데 세대 간 언어 차이 또한 날로 심화되고 있다. 문자 언어의 중요성을 납득하고 수용하기 어려운 젊은 세대는 '그들만의 한글' 혹은 '외계어 같은 한글'에 대해 별다른 문제 의식을 갖지 않는다. 이로써 문자생활 공유를 통한 '민족공동체' 혹은 '국가공동체'가 옛날 옛적 말처럼 들리기도 한다.[25]

요사이는 비록 글을 쓰더라도 최소한의 필요에 부응하거나, 말이나 영상을 위한 보조용인 경우가 많다. 이모티콘이 언어를 대신하고, 긴 서술 대신 짧은 요약이 환영받으며, '결론 먼저'가 대세인 상황이 이를 웅변한다.[26] 특히 파워포인트(Power Point, PPT)의 보편화에 따른 이른바 '개조체'(個條体) 방식의 글쓰기는 종래의 문장 작성법을 근본에서부터 흔들고 있다. PPT는 1987년 미국 마이크로소프트(Microsoft)사가 개발한 프레젠테이션(presentation)용 소프트웨어로서, 공개 발표나 공동 작업을 위한 시각 보조자료로서 처음 등장했다. 하지만 지금 우리나라에서는 PPT가 프레젠테이션 자체를 일컫는다.[27] 'PPT 능력자'라는 말이 있을 정도로 한국인의 PPT 사랑은 유별나다. 대학가를 포함하여 기업이나 관공서, 군대 등 사회 전반적으로 PPT용 개조식 문체가 마치 글쓰기의 표본인냥 인식되고 있을 정도다.

개조식 내지 개조체의 기원은 정체불명이다. "앞에 번호를 붙여가며 짧게 끊어서 중요한 요점이나 단어를 나열하는 글쓰기 방식" 정도로 인터넷상에 정의되는 개조식은 '법률 00 개조'할 때처럼 낱낱의 조목을 센다는 '개조'에다 '식'(式) 내지 '체'(体)라는 접미사를 붙인 것으로 추정된다.[28] 굳이 그것의 반대말을 찾는다면 연서식(連書式)쯤 될 것이다. 개조식이 동아시아 한자 문화권의 행정이나 법조 실무에서 비롯되었다는 설도 있으나 영어에도 '항목별 기재'를 의미하는 'itemization'이라는 단어가 존재한다. 물론 PPT 프레젠테이션 나름의 장점도 많다. 하지만 그것에 대한 거부감도 적지 않다.[29]

PPT는 기존의 글쓰기 관행을 깨트리는 경향이 있다. 우선 개조식은 명사나 대명사처럼 문장의 주체가 되는 낱말, 곧 체언(體言) 중심의 글쓰기로서, 형용사와 동사와 같은 용언(用言)의 역할을 크게 줄인다. 수식언이나 관계언, 조사의 경우는 더 말할 나위도 없다. 그런데 명사와 명사만으로는 단어와 단어의 기계적 연결을 이룰 뿐, 문장을 유기적으로 완성하지 못한다. 더욱이 개조식이 좋아하는 명사 내지 명사화(名詞化, nominalization)는 사람 사이의 소통방식을 딱딱하고 메마르게 하는 경향이 있다.[30] 명사는 기본적으로 '닫힌' 말이기 때문이다.[31] 동사는 생각의 진행이나 진화를 허용하는 반면, 명사는 태생적으로 그렇지 않다.

PPT 시대가 초래한 명사(화) 전성시대에 동사 예찬론이 등장하는 것은 당연한 반발일지 모른다. 그 근거는 동사가 없으면 문장에 힘이 없다는 주장에서 나온다. "위팔과 아래팔을 이어주는 팔꿈치처럼 문장을 움직이게 해 주는 이음매"가 바로 동사라는 것이다(골드버그, 2010:241-243). 작가 김정선에 의하면 형용사와 함께 동사는 "음식으로 치면 육수나 양념에 해당"한다(김정선, 2015:10). "제 몸을 풀어 헤쳐 문장 전체에 스며들어서 글맛을 내기 때문"이다. 이와 관련하여 기자 박돈규는 이렇게 썼다. "동사는 음식으로 치면 주재료에 해당하는 명사에 밀려 늘 찬밥 신세다…삿된 세상에는 주어(主語) 자리를 탐낼 뿐 그 무게를 담당하지 못하거나 책임지지 않는 명사가 많다. 동사는 정반대다.

낮고 구석진 자리에서 우리 사회를 지탱하는 보통 사람처럼 동사는 끝까지 묵묵히 일한다".[32]

여기에 소설가 김애란은 부사(副詞) 예찬론으로 가세한다. 부사는 동사처럼 활기차지도 명사처럼 명료하지도 않지만, "마음을 닮은 품사"로서 세계를 "흥미롭고 맛깔나게" 해 준다는 이유에서다(김애란, 2019:86-90). 물론 부사를 경계하는 목소리도 있다. 어쩌면 대부분의 글쓰기 참고서가 부사를 -접속사와 함께- 최소한 사용하라고 조언하고 있다. 예컨대 작가 스티븐 킹(Steven King)에 의하면 "지옥에 가는 길은 부사들로 뒤덮여 있다(The road to hell is paved with adverbs)".[33] 하지만 부사의 존재 그 자체가 문제는 아니다. 무엇보다 우리말의 글맛은 풍부한 부사에서 나오는 측면이 분명히 있다.[34]

한편, 최근에는 글쓰기 행위 자체가 역사적 유물이 될 가능성마저 예견되고 있다. 사람이 아닌 기계가 글을 쓰는 시대가 도래했기 때문이다. 이는 특히 챗GPT 및 생성형 AI의 등장 이후이다. 언론계의 경우 기자들이 AI와 글쓰기 경쟁을 서로 벌여야 하는 상황이 찾아왔다. 예컨대 국내 AI 스타트업 '미디어스피어'에서는 기사생성 인공지능 '오웰'을 출시했는데, 이는 보도자료 하나를 여러 가지 문체로 10초 만에 작성하는 능력을 보유하고 있다고 한다. 오웰이 지원하는 문체는 '권위 있는 뉴스체' '스마트 브리핑체' '세련된 뉴스레터체' '논픽션 이야기체' '3문단 요약문체' '보도자료체' 등 6가지이며, 이 외에도 번역, 제목 작성, 맞춤법 교정 등의 기능을 갖추고 있다고 한다. 같은 기사 작성을 사람 기자가 해 봤더니 56분 걸렸다고 한다.[35]

언론계가 마주친 이러한 글쓰기 현실은 학계에서도 결코 먼 남의 나라 이야기가 아니다. 2022년 말 챗GPT가 나오고 생성형 AI가 널리 사용되기 시작한 지 1년 만에 AI를 활용하는 논문 작성이 학계에서 급증했다. 물리학과 수학 분야를 중심으로 출판 전(前) 논문(preprint)을 수집하는 비영리 웹사이트 '아카이브(arXiv)'에 의하면 그 가운데 10%가 거대언어모델(LLM)로 처리된 것으로 조사되었다. 또한 중국과 대만, 한국의 경우 컴퓨터 과학 논문은 3분의 1가량이 AI가 쓴 것으로 밝혀졌다.[36] 당초 AI 활용 논문을 전면 금지했던 〈사이언스(Science)〉는 2023년 11월부터 AI 활용 경위를 상세히 설명할 경우 이를 허용하기로 했으며, 〈네이처(Nature)〉와 〈셀(Cell)〉도 비슷한 기준을 적용하기 시작했다.

현재는 AI가 언어적 보조라든가 자료정리, 구조설계 등의 측면에서 논문 작성을 지원하는 '도구'(tool)를 넘어 스스로 논문을 쓰는 '저자'(author) 단계로 진입하고 있다. 이른바 AI 생성 논문이다. 물론 학계에서 공식적으로 인정하지는 않고 있지만, 챗GPT가 '공저자'(co-author)로 등재되는 사례는 점차 늘어나고 있는 것이 현실이다. AI가 새로 써낸 과학논문 가운데 최소 4분의 1은 기존에 발표된 연구 아이디어를 무단으로 차용한 것이었고, 현단계 표절 탐지 프로그램으로는 이 논문들의 표절 여부를 1건도 가려내지 못했다는 〈네이처〉 기사도 있었다.[37]

2. 논문 중심주의

사회학에서 글쓰기가 퇴조하는 또 다른 이유는 사회학 글쓰기를 '논문'이라는 특정 형식이 압도하기 때문이다. 다른 학문의 경우도 사정이 비슷하지만 사회학 역시 지식을 논문의 모습으로 세상에 내놓는 게 당연한 상식이자 관행으로 자리 잡았다. 물론 논문 형식의 글쓰기에 미덕이 없는 것은 아니다. 글쓰기의 표준화가 제공하는 기술적 효율성이 대표적이다.[38] 또한 일정한 표준과 전형(典型)이 존재하는 한, 글쓰기 스타일 자체를 둘러싸고 깊이 고민할 필요가 없다. 하지만 논문 중심주의가 글쓰기 행태에 미치는 부정적인 영향은 아무래도 간과할 수 없다.

논문의 종류는 다양하다. 졸업논문도 있고 학위논문도 있으며 학술지 논문도 있다. 이 가운데 졸업논문이나 학위논문은 학자가 되기 위한 일종의 관문이자 통과의례다. 이탈리아의 철학자이자 언어학자인 움베르토 에코(Umberto Eco)에 의하면 학생 시절에 지도교수의 도움으로 논문 쓰는 법을 배운다는 것은 "독자 대중의 존재를 전제로 하는 의사소통의 연습"에 해당한다(에코, 1994:47). 하지만 이렇게 배운 논문작성법이 보통 사람들과의 원활한 소통을 실제로 보장하는지는 의문이다. 어떻든 학위를 받은 다음 모든 학자에게 논문 쓰기란 평생의 업(業)이 된다. 싫든 좋든 논문 쓰기라는 직업적 운명에 낚이는 것이다.

사전적인 의미에서 논문은 "어떤 문제에 대한 자기주장을 몇 가지 조사를 바탕으로, 합리적인 방법으로 입증하고자 하는 일정량의 긴 글의 집합"이다(고바야시 야스오·후나비키 다케오, 1996:267). 자신의 생각이나 판단이 옳다는 것을 주장한다는 점에서 논문은 시나 소설 등 문학과 다르고, 정확성의 근거를 합리적인 방법으로 실증한다는 점에서 수

필이나 감상문과 구분된다. 분량이 일정하게 제한된다는 점에서는 단행본과도 구별된다. 그런데 현실적으로 학계의 논문 글쓰기는 이보다 훨씬 더 정형화되어 있다. 말하자면 주어진 틀에 맞춰져야 하는 것이다. 그래서 세상에는 수없이 많은 '논문작성법' 관련 교재가 존재한다. 대학마다 논문 작성을 도와주는 정규 강의나 특강이 넘쳐나는 것도 이 때문이다.

무엇보다 "논문이란 형식성의 세계다"(김영민, 1996:19). 더 큰 문제는 형식성 그 자체가 아니라 그것이 학문성을 전유할 수 있다고 믿는 허위의식과 강박관념이다. 논문의 불행은 복잡한 인간의 다양한 경험을 하나의 경직된 스타일 속에 담을 수 있다는 독선적 태도에서 연유한다(김영민, 1996:23-27). 학계에서 통용되고 있는 논문은 다른 여러 형태의 글들과 공정한 경쟁 관계에 있지 않다. 대신 그것은 학계의 글쓰기 시장에서 일종의 독과점을 행사한다(김영민, 1996:14-17). 논문식 글쓰기는 누구든지 자유롭게 선택하거나 폐기가능한 '하나의'(a) 방식이 아니라, 학자로 행세하려면 반드시 따라야만 하는 '하나뿐인'(the) 방식이다. 아이러니하게도 논문식 글쓰기에 대한 비판적인 글조차 형식은 논문일 때가 많다. 그래야 학계에서 글로 인정받기 때문이다.

일반적으로 논문은 크게 서론, 본론, 결론의 세 부분으로 나뉘고 각 부분은 문단을 단위로 하여 다시 세분된다. 이상적인 문단은 주제문으로 시작하여 결문(結文)으로 끝나야 하며, 문단 내 모든 문장은 하나로 묶이는 통일성과 더불어 인접한 문장과 긴밀히 엮이는 연관성을 갖추어야 한다. 일반적으로 이러한 형식의 논문이 학술 활동의 매개물이자 최종 산물로 인식되는 것은 그것이 여러 가지 글 형태 가운데 "가장 합리적이고 논리적인 서술 방식"이라 간주되기 때문이다. 이러한 원리로 논문이 구성되어야 한다는 생각은 계몽주의 이래의 근대 합리성 이념에 바탕을 둔 것이다(신광현, 1996:179-180). 그런 만큼 논문이란 "특별한 양식의 글"이다.

그 결과가 겉보기에 다분히 천편일률적인 논문 형식의 글쓰기다. 일제히 문제 제기에서 시작되어 이론 검토 및 가설 도출, 자료 분석을 거친 다음 결론으로 이어진다. 쓰는 분량 또한 제한되어 있다. 우리나라 인문사회과학 분야의 경우 보통 200자 원고지 100매에서 150매 내외인데, 이를 초과할 경우 출판 시 이른바 '추가 조판료'가 요구되기도 한다. 결국 이는 "사고(思考) 용량의 규격화" 혹은 "학

문의 제품화"을 초래하기 십상이다(최기숙, 2011:206-207).[39]
학술논문이 본문 바깥에 각주(脚註, footnotes)나 미주(尾註, endnotes) 형태의 '주석'(notes)을 배치하는 것도 전체 분량을 줄이는 효과가 있다.

논문 형식에는 기존의 학문공동체의 규범이나 구속으로부터 벗어나지 않도록 하는 안전장치가 여럿 마련되어 있다. 선행연구 조사라든가 참고문헌 소개는 모든 논문의 필수적 일부다. 앞에서 언급한 주석 달기 또한 학문공동체의 재생산에 적잖이 기여한다. 지성사(history of scholarship) 연구의 대가 앤터니 그래프턴(Anthony Grafton)에 의하면 각주란 어떤 연구 결과가 당대의 학자들과 그들의 선배들의 문제의식이 함께 이루어낸 작품, 말하자면 "독백이 아닌 대화"의 산물처럼 보이게 만드는 일종의 위광 효과를 발휘한다(그래프턴, 1997:234). 18-19세기 유럽에서 에드워드 기번(Edward Gibbon)이나 레오폴트 폰 랑케(Leopold von Ranke) 등 역사학자들이 처음 달기 시작한 주석은 독자로 하여금 논문 내용을 신뢰하게 만들고, 논문에 권위와 정당성을 부여하는 역할을 한다. 말하자면 학문적 글쓰기에 있어서 '진리의 보증장치'(guarantor of truth)인 것이다(그래프턴, 1997:7-8, 22).

논문의 외적 형식성보다 글쓰기에 훨씬 더 심각한 영향을 미치는 것은 논문 특유의 문장 스타일이다. 논문에서 이상적으로 여겨지는 문체는 "간단하고 분명하고 투명"한 것이다. 가급적 하나의 문장은 하나의 생각만 담아야 하고, 비유적이거나 수사적인 표현은 최대한 피해야 한다. 논문에서 사용되는 언어는 그것의 역사성이나 사회성에 대한 깊은 고려 없이 '내용 전달'이라는 소극적인 역할에 충실해야 한다. 결국 논문의 문체로서는 "인문적 사고의 자기반성적 깊이와 변증법성(性)은 물론, 대상 세계의 상호 연관성, 복합성, 다차원성, 중첩성, 역사성을 표현하기 어렵다". 논문은 "빨리 읽을 수 있고, 짧게 요약할 수 있는" 글쓰기 형식을 지향한다(신광현, 1996:185-192).

논문은 논증이 명확하고 분석이 타당한 문체만 허용한다(최기숙, 2011:203-207). 논리와 이성의 범주를 넘어서는 글쓰기와 은유적 글쓰기는 수용되지 않는다. 이를 위해 문장의 주체는 객관성을 표방해야 하며 어떤 의미에서는 '중성적'일 것을 요구받는다. 논문의 주체를 1인칭 대명사 '나'로 지칭하지 않는 학계의 관행이 이를 웅변한다. '나'의 사용을 생략하거나 거부하는 것은 주관적 주장을 객관적 논증으로 격상시키려는 의도의 소산이다(신광현, 1996:182-185). 연구 결과의 보편성을 과시하기 위해 글쓰기의 주체가 합리적이고 객관적인 모습으로 위장 내지 은폐되는 셈이다.[40] 결국 "독자의 입장에서는 논문을 통해 지식의 전달이나 계발은 가능할 수 있지만, 인문적 감동을 받기란 매우 어렵다…오늘날과 같은 연구 조건 속에서는 니체나 연암 박지원 같은 학자가 나오기 어렵다"(최기숙, 2011:202-203).

더 큰 문제는 이런 관행이 글쓰기의 맛을 망칠 뿐 아닐 학문의 본질까지 해칠 수 있다는 사실이다. 사회학의 경우도 예외가 아니다. 이와 관련하여 베커는 다음과 같이 말한다. "학술지 논문의 정형화된 속성은 우리가 알고 있는 다른 재현 양식을 허용하고 장려하거나 심지어 요구까지 할 수 있는 '방외(方外, extraneous)의' 디테일이나 복합적 해석 가능성을 남겨놓지 않는다 (…) 나는 현대 사회과학이 연구자가 자신이 연구한 것을 말함에 있어서 수용가능한 방식을 엄격히 제한함으로써 스스로를 불구로 만들고 말았다고 확신한다"(베커, 2007:286). 예컨대 형식의 표준화(standardization)는 독자들로 하여금 자신이 흥미를 가진 대목으로 직진하게 만들며, 지나친 척도(measure) 의존이나 압축적 글쓰기는 중요한 정보를 오히려 놓치게 만들 위험이 있다는 것이다(베커, 2007:72-74, 96-100).

한국 사회학의 경우도 마찬가지다. 이기홍에 의하면 우리나라 사회학 논문들은 전형적으로 가설 연역적 방법의 연구 절차를 문자적으로 재현하는 형식을 취하고 있다(이기홍, 2006). 곧, ① 문제의 제기, ② 이론 검토 및 가설 도출, ③ 자료 및 연구 방법, 주요 변수들과 분석 모형, ④ (통계적) 분석 (결과), ⑤ 결론의 순으로 정형화되어 있는 것이다. 이와 같은 글쓰기 형식이 압도적으로 선호되는 까닭은 "그런 형식이 연구의 과학성을 보증하는 과학적 방법의 투명한 문자적 재현으로서 '정당성'을 인정받기 때문"이다. 그런 만큼 "사회학자의 훈련에서 글쓰기는, 질적 연구방법 교육의 일부를 제외하고는, 별도로 다뤄지지 않는다." 다시 말해 "연구 결과를 표현하는 글쓰기가 연구 과정을 그대로 보고하는 자동적이고 부차적인 작업" 정도로 그 비중이 격하되어 있는 것이다(이기홍, 2006:3).

논문이 유일한, 그리고 최선의 글쓰기 방식은 아니다. 학문적으로도 그렇다. 사회학 초창기 독일의 게오르그 짐멜은 논문 대신 에세이식 글을 주로 썼다. 그의 글쓰기는 논리적인 체계보다 직관이나 통찰에 의존하는 경우가 많았고, 생활 주변의 다양한 현상들에 대해 미학적 감수성을 가미한 지적 분석을 시도했다. 그가 에세이식 문체를 구사한 이유는 "근대 이후로 본질적·실체적이고 고정적인 것은 관계적·상대적이고 유동적인 것으로 해체"되었다고 믿었기 때문이다(김덕영, 2007:69). 하지만 그의 글쓰기 스타일은 주류 학계로부터 배척의 대상이 되었다.[41]

짐멜과 거의 동시대를 살았던 철학자이자 미학자 발터 벤야민(Walter Benjamin) 역시 논문중심주의적 관점에서 보자면 학계의 이단아였다. 시적이고 은유적인 문체를 선호한 그는 간결한 몽타쥬(montage) 방식 혹은 아포리즘(aphorism) 형식을 좋아했다. 벤야민이 강하게 비판한 것은 학문의 세계에서 분과 학문 각각의 성격에 적합한 사유 방식 혹은 문법이 미리 정해져 있으며, 글쓰기 방식도 이러한 틀 속에 규정되어 있다는 사실이었다. 그에 의하면 "틀에 맞춰진 글쓰기만으로는 새로운 종류의 사고를 표현할 수 없기" 때문이다. 그에게 중요한 것은 새로운 종류의 글쓰기를 실험하고 창안하는 문제였는데, 그는 철학적 글쓰기 형식으로서 트락타트(traktat)를 제안하기도 했다(권용선, 2009:93-96).[42]

하지만 이와 같은 비주류 글쓰기의 반란은 끝내 제도권 학계의 벽을 넘지 못했다. 짐멜과 벤야민 공히 대부분의 생애를 교수가 아닌 강사로 보냈다. 물론 여기에는 글쓰기 스타일 이외의 다른 측면도 가세했다. 예컨대 유대인이라는 점이나 한 분야의 전공자가 아니라 잡학형(雜學型) 르네상스 지식인이라는 점도 교수직 진출에 있어서 애로사항이었다. 하지만 이들이 학계에 팽배해 있는 논문중심주의의 피해자라는 사실은 부인하기 어렵다. 그것은 결코 논문형식의 내재적 가치나 본질적 우수성에서 기인한 것이 아니었다. 대신 그것은 논문중심주의 및 그 배후에 작용하는 학계 안팎의 권력관계 때문이었다.

3. 학문 세계의 관료주의 및 권력관계

그렇다면 논문 중심주의는 학문적 글쓰기에 있어서 독점적 지위를 왜 그리고 어떻게 계속 유지하는가? 다시 말해 대안적 글쓰기를 어렵고 힘들게 만드는 요인은 무엇인가? 이는 글쓰기 자체가 '권력'과 무관하지 않기 때문이다.[43] 베커는 글쓰기란 우리가 속한 조직이 부과하는 제한, 기회, 동기에 상응하여 이루어진다고 말하며, "당신이 몸 담고 있는 나쁜 사회조직이 나쁜 글을 요구한다"고 주장한다(베커, 1999:235-236). 그가 볼 때 사회학자가 소속되어 있는 나쁜 사회조직이 사회학자로 하여금 나쁜 글을 쓰게 만드는 것이다.

사회학자는 스스로 탄생하지도, 나 홀로 존재하지도 않는다. 자유로운 무소속 독립학자를 표방할 수는 있지만, 매우 예외적이고 대단히 불안정하다. 물론 원칙적으로 말해 "전문적인 글쓰기는 사적인 작업"이다(베커, 1999:50). 글을 쓸지 말지, 언제, 얼마나 쓸지 정도는 본인이 결정할 수 있다. 하지만 어떤 글을 어떻게 쓸지는 그가 속한 사회환경이나 사회조직으로부터 유무형의 구속과 압력을 받는다. 결국 학자들이란 학술적 사회조직과 사적 글쓰기라는 모순적 상황 속에서 그저 최선을 다하는 존재일 뿐이다(베커, 1999:50).

학자들이 연루하게 되는 사회적 조직은 몇 가지 차원으로 나뉜다. 첫째는 유관 학회(academy, society)다. 학자 대부분은 학회의 구성원으로 살아간다. '학회 없는 학자'가 존재하기 어려운 것은 '예술계 없이 예술가는 없다'는 것과 같은 원리다. 둘째, 현실적으로 사회학자들 대다수는 대학이나 연구소 등에서 생업을 꾸려 나간다. 이러한 교육 및 연구 조직은 사회학의 글쓰기 방식에 막대한 영향력을 행사한다. 셋째, 국가나 사회 역시 사회학자들의 글쓰기 문제에 이래저래 개입하고 간섭한다. 국가는 어문정책을 관장하기도 하지만 학회나 대학이나 연구소 등을 행정적 및 재정적으로 관리하기 때문이다. 출판계나 언론사, 시민 단체 등도 사회학 글쓰기에 영향을 미칠 수 있다. 출판사 는 학자와 독자를 잇는 가교라는 점에서, 언론사나 시민단 체는 평가자 내지 평판 부여자라는 점에서 눈에 보이지 않 는 문화권력을 행사한다.

사회학 글쓰기에 가장 큰 영향력을 행사하는 것은 단 연 학회다. 모든 학문 분야가 그런 것처럼 사회학의 경우 에도 일종의 '업계' 원리가 작동한다. 사회과학, 곧 사회 에 대한 객관적 지식이 발전하기 위해서는 두 가지 학문외 적(學問外的) 조건이 먼저 충족되어야 한다(콜린스, 1994:5-6). 첫째, 사회가 -적어도 어느 정도는- 합리화(rationalized)되 어야 한다. 막스 베버의 표현을 빌리자면 사회의 '탈마법 화'(disenchantment)가 필수적이다. 종교나 주술, 신성(神性) 권력이 압도하는 사회에서는 객관적 지식의 입지가 불가 능하기 때문이다. 둘째, 전문 지식인들이 하나의 지적 공 동체를 결성해야만 한다. 만약 학자들이 개별적으로 산재 한다면 학문은 외부 환경으로부터의 위협에 효과적으로 대응하기 쉽지 않다. 학자들은 연대와 조직화를 통해 학문의 자유와 자치를 구가할 수 있다.

콜린스는 사회구성주의 이론(social constructionist theory)을 통해 지식인 세계의 특성을 설명한다. 그에 의하면 아이디어가 아이디어를 낳는 것도 아니고, 개인이 아이디어를 낳는 것도 아니며, 문화 또한 저절로 만들어지는 것이 아니다. 그 대신 지적 공동체는 어디까지나 '사회적으로' 형성되고 성장한다(Collins, 1998:1-10, 875). 이때 중요한 것은 서로 다른 생각을 가진 사람들 간의 평화적 공존 및 선의의 상호 경쟁이다. 모든 사람의 생각이 일치한다면 학회는 지식 발전을 위한 사회조직으로서의 존재 이유를 상실할 수밖에 없다. 생각이 달라야 지식의 진보가 가능한 법이다. 요컨대 학회란 '갈등과 연대의 동학(動學)'(dynamics of conflict and alliance)이 작동하는 지적 네트워크다.[44]

이와 같은 지적 네트워크가 역사적으로 처음 나타난 것은 16세기 이후 유럽에서였고 그 전통은 지금까지 이어지고 있다.[45] 그 시작은 '서신 네트워크'(correspondence network)였다. 16-18세기, 과학과 지식의 발달로 계몽주의 시대가 열리자 서구 지식인들은 자신이 살던 지역에서 벗어나 국경을 넘어 편지를 주고받았다. 이것이 바로 학자들의 국제적인 지적 공동체, 곧 '편지 공화국'(Republic of Letters)이다(그래프턴, 2021:26-66). 편지 공화국 소속 시민들은 서신을 통해 "저 멀리에서 반짝이는 위대한 학자"들과 관계를 맺어나갔다. 그들은 생각이 다른 사람들로 이루어진 가상의 공동체를 결성했고 새로 대규모로 형성된 자유시장에서 지식을 교환하는 데 필요한 예법을 세웠을 뿐 아니라 다른 의견을 가진 사람들을 포용하는 정신을 키워갔다.

2025년 노벨경제학상 수상자인 경제사학자 조엘 모키어(Joel Mokyr)에 의하면 편지공동체야말로 16세기 이후 서양이 동양을 앞설 수 있었던 주요 문화적 토양이었다. 중세까지 유럽의 지식은 고전(클래식)이나 성서 등의 권위에 종속되어 있었다. 하지만 근대 이후 지식은 축적되고 개선되고 진화될 수 있다는 생각이 편지공동체를 통해 확산되었다. 국가나 종교의 경계를 넘는 지식의 자유로운 토론, 비판, 검증이 가능해졌으며, 진리를 향한 학자들의 건강한 질투심은 역사의 진보를 향한 '성장의 문화'(culture of growth)로 작용하였다(모키르, 2018:175-203, 253-311).[46] 세계사 전체에 걸쳐 이런 역사적 경험은 근대 초기 유럽이 유일하다.

근대 초기 유럽의 지식인들은 손 편지를 이용하여 서로 영향을 주고 받았고, 이를 통해 동반 성장할 수 있었다.[47] 그 무렵 요하네스 구텐베르크(Johannes Gutenberg)의 금속 활판 인쇄술 발명도 이들 사이의 지적 정보교환을 촉진했다. 일종의 '현학적(衒學的) 세계'에 살았던 이들은 한편으로는 '외로움과 자유로움'을 즐기는 사람들이었지만, 다른 한편으로는 어떤 형태로든 '집단' 혹은 '무리'를 이루었다. 당시의 학자들은 섬처럼 존재하면서도 결코 고립된 섬은 아니었다.[48] 또한 단일한 이데올로기나 공식적 믿음 체계에 기반한 일사분란한 단체도 아니었지만, 그렇다고 해서 아주 느슨하게 연결된 조직망도 아니었다.

편지 공화국은 국민과 영토에 기반한 오늘날의 근대국가가 형성되던 시기에 다른 방식으로 실재했던 '또 하나의 국가'였다. 지도에도 없었고 국경도 없었으며 행정관료도 없었지만 말이다. 그것은 지식인들이 치열하게 경쟁하던 '유럽 최초의 평등사회'를 자처했다. 곧, 부나 성별, 나이는 물론 학문의 경계와도 상관없이 오직 지적 호기심과 인간애를 기준으로 상대방을 공화국 시민의 일원으로 인식했다. 편지 공화국은 이처럼 또 다른 의미의 국가이기도 했지만, 또 다른 차원의 대학, 곧 '보이지 않는 대학'(invisible college)이기도 했다(콜린스, 1998:5).[49] 지식인들이 소속 대학을 벗어나 서로 격의 없이 만나고 교류하는 공간이었기 때문이다. 요컨대 편지 공화국은 국가의 역할도 하고 대학의 기능도 수행했다.

편지 내용은 서로의 안부를 묻는 차원을 떠나 최신 연구 동향이나 새로운 출판물에 대한 소개를 포함했다. 그리고 편지 공화국 시민들은 활발하게 교류하고 격렬히 논쟁했다. 머지않아 편지 공화국은 학회 혹은 학술원(아카데미)으로 진화했다.[50] 학회는 회원 학자들을 한편으로는 외부 압력이나 간섭으로부터 보호했고, 다른 한편으로는 회칙(會則) 등을 통해 내부적 규율을 도모했다. 이제 학회의 남은 과업은 회원들이 교환하고 축적한 소중한 지식과 정보를 세상에 널리 알리는 것이었다. 편지에 담았던 최신 학술 성과를 모으고, 이를 편집·정리하여 정기 간행물로 출판하기 시작한 것이다. 이렇게 탄생한 것이 바로 학술지다.[51] 그리고 이는 논문중심주의 글쓰기의 역사적 기원이 되었다.

학술지는 학자들의 글을 논문 형식으로 일제히 표준화시켰다. 무엇보다 이는 지식의 생산과 검증, 공유, 축적을 체계적으로 관리하는 데 효율적이기 때문이다. 논문 형식의 글쓰기를 기준이나 원칙으로 삼는 학술지 관리를 통해 학회는 결과적으로 일종의 '권력기관'이 되었다. 학술지 논문 심사나 게재 등의 과정을 통해 학회는 소속 회원 학자들의 '생명줄'을 쥐게 된 것이나 마찬가지다. 학술지 게재를 위해서는 학회가 요구하는 제반 강제 규정을 반드시 준수해야 한다.[52] 또한 오직 학회지에 실린 논문만이 잠정적으로 신뢰할 수 있는 지식으로 학계에서 공인된다. 동일한 혹은 다른 학술지를 통해 다른 학자들에 의해 반박 혹은 부정되기 전까지 말이다.[53]

학회의 힘은 학자들에게 실로 막강하게 전달된다. 학회에 가입하지 않거나 학술논문을 쓰지 않고는 대학이나 연구원과 같은 제도권 지식인 사회에 진입하기조차 어렵다. 소위 '독립적' 학문공동체는 불가능하거나 입지가 지극히 좁다.[54] 그래서 나온 학계의 주문(呪文)이 이른바 '(논문)출판이냐 도태냐'(Publish or Perish)라고 하는 것이다.[55] 자신의 연구가 논문의 형태로 세상과 연결되지 못했을 때 벌어질 수 있는 직업적 존재 이유의 소멸 가능성을 실감 나게 표현한 말이다. 논문 쓰기가 학자의 삶, 예컨대 학위 취득이나 임용, 승진 등에 있어서 가장 결정적인 평가 기준이 되었다는 무겁고도 무서운 의미다.

언제부턴가 연구자들은 "'납품 기한'에 맞추어서 '고객'이 원하는 논문을 다량으로 '찍어내야' 인정받고 살아남을 수 있는 환경"에 살게 되었다(조영철, 2020:232-233). 특히 아직 제도권 학계에 진입하지 못한 이들의 경우 "연구자로서 하루하루 일상 속에서 느끼는 무력감, 불안감, 소외감"은 클 수밖에 없다. 그런데 이와 같은 시스템은 본인들이 원해서라기보다 사회가 만든 것이며, 구체적으로는 논문중심주의로 귀결한 학회의 책임이 가장 크다. 이와 같은 시스템의 압박에 개인적으로나 집단적으로 맞서기란 현실적으로 쉽지 않다. 무엇보다 학자들이 일단 제도권 내에 진입하게 되면 스스로 기득권자가 되기 때문이다. 개구리가 올챙이 시절을 생각하지 못하는 격이라고나 할까.

학회가 주관하는 학술논문이 학자들의 대표적 평가 기준이 됨에 따라 학자의 글쓰기 스타일 또한 당연히 지대한 영향을 받게 된다. 우선 논문의 내용이 글쓰기 능력에 크게 좌우되지 않는 양적 방법론으로 흐르기 쉽다. 통계적 방법 그 자체는 아무런 죄가 없다. 하지만 논문을 양산하기 위해서는 양적 분석이 질적 연구에 비해 훨씬 유리한 것은 부인할 수 없는 사실이다. 그때그때 유행하는 이론들에 기대어 표준화와 일반화를 강조하는 양적 방법론에 편

승하는 일이 오늘날 사회학계에서 가장 전형적인 연구 술
책이 된 것은 이런 연유다. 최우선 관심사가 오직 논문 편
수이기에 결과적으로는 별로 중요해 보이지 않는 사소한
통계적 연구가 마구 쏟아지고 있다(버거, 2023:24). 다시 말
하거니와 문제는 계량적 접근 방식 자체가 아니라 숫자를
신비화하거나 신성한 것으로 떠받드는 풍조가 글쓰기의
의미를 경시하게 만들고 있다는 사실이다(스콧, 2014:220).

논문의 질보다 논문의 양을 더 중요시함에 따라 글쓰
기의 진정성이나 진실성이 크게 도전받고 있다. 말하자면
학문 세계의 '도덕적 해이'(moral hazard) 현상이다(콜린스
1998:521-522). 자료나 과정 및 결과의 위·변조(僞·變造), 표
절과 짜깁기, 저자명 품앗이가 대표적이다.[56] 논문 숫자를
늘이기 위한 소위 '살라미 분할'(salami slicing)도 비윤리적
연구 행위에 포함된다. 논문 숫자에 올인하는 상황은 이른
바 '부실 의심 학술지'나 약탈적 '유령 학술 단체'의 범람
으로 이어지고 있으며,[57] 국내 학술지를 발간처만 해외로
옮겨 국제 학술지로 속이는 경우까지 생겨나고 있다.

논문의 양적 증가가 학문의 질을 높인다는 보장은 찾
기 어렵다. 작금의 학회 주도 지식·정보 네트워크는 과
거 '편지 공화국' 시대에서 오히려 후퇴한 측면이 없지 않

다. 이는 현행 논문 중심주의 혹은 평가 중심주의가 초래한 예고된 비극일 것이다. 미국의 문헌정보학자 유진 가필드(Eugine Garfield)가 이른바 '과학논문 인용 색인'(Science Citation Index, SCI)을 고안한 것은 1963년이었다.[58] 원래 가필드는 SCI를 정보검색을 돕기 위해 만들었다고 주장했지만, 현재로서는 논문의 가치를 다른 연구자들의 인용 빈도수를 통해 측정·평가하려는 목적으로 활용되는 것이 훨씬 일반적이다. 하지만 세상에 발표되는 모든 논문의 반수 이상은 한 번도 인용되지 않은 채 흔적도 없이 사라져 버리며, 80% 정도는 딱 한 번 인용된다(Scott, 2014:172-175). 1973년, 같은 인물에 의해 '사회과학논문 인용색인'(Social Science Citation Index, SSCI)도 만들어졌지만 그것이 학문 수준의 제고에 미치는 영향 역시 과학적으로 검증된 바 없다.[59] 사회과학 전문 학술지의 평균 독자 수는 세 명 이하라고 한다(뭉크·스나이더, 2012a:279).

사실 인용 빈도에는 셀프 인용도, 심지어 논문 내용을 반박하는 부정적 인용도 셈에 포함된다. 이에 반해 논문이 아닌 단행본을 인용할 경우에는 인용 횟수로 계산조차 되지 않는다. 책을 쓴 사람보다 논문 쓴 사람이 더 많은 혜택을 받는 구조인 것이다. 누군가의 논문을 인용한 논문을 단 한 사람도 읽지 않는 경우에는 지적인 파급효과가 없다는 의미가 되는데, 이 점 또한 감안되지 않는다. 서로의 논문을 인용해 줘서 인용 등급을 서로 올려주는 노골적인 공모 행위 또한 찾아내기 어렵다. SSCI는 영어를 위주로 하는 영미권 위주의 평가 방식일 뿐이어서 비영어권 논문은 배제된다는 한계도 간과할 수 없다는 사실이다(Scott, 2014:172-175).

 사회학의 글쓰기에 개입하는 사회환경 내지 사회조직으로서 학회 다음으로 주목할 대상은 대학이다. 논문 중심의 글쓰기 관행이 대학교육 단계에서 시작되기 때문이다. 학생들이 글쓰기를 배우는 것은 일차적으로 교수집단으로부터다. 그런데 대학사회는 피라밋 조직으로서 부지불식간 '권력관계'가 작동하는 곳이다(버거, 2023:26-29; 이성용, 1999:278, 286, 290). '교수는 맞고 학생은 틀린다'는 식으로 대학에 존재하는 '위계의 원칙'을 말한다(베커, 1999:61-62). 교수들은 학생들에게 "오직 전문가 집단 성원들만이 해독할 수 있는 암호(暗號)로 쓰인 글"이 학문적이라고 가르친다. 이때 "학생들은 학술지에서 많이 쓰이는 최악의 문체를 보고 따라 하며, 그러한 문체의 남용이 평범한 사람의 말과 자신들의 글을 구별시켜 준다는 사실을 배운다…권력자 교수집단의 글이 다음 세대가 나쁜 습관을 학습하는 원재료가 되는 것이다". 이로써 일종의 "완벽한 악순환"이 발생한다(버거, 2023:76).[60]

논문쓰기라는 형식은 학자의 문턱에 서성이고 있는 학생들을 지배하기 위한 대학 내 기성학자들의 통제장치로 전락한 측면이 있다(김영민, 1996:28). 사실 학술지의 존재 위상 자체가 대학과 양면의 동전 같은 '사회적 계약'을 맺고 있다고 해도 과언이 아니다(최기숙, 2011:194-195). 학회지를 통한 논문투고는 철저하게 대학 중심으로 '게토(ghetto)화'되어 있어서, 글쓰기의 자격조건은 대부분 대학의 석사 이상 학위 이상으로 관행화되어 있다(최기숙, 2011:192, 196). 아무나 학회지에 글을 투고할 수 없는 것이다. 학생들이 학술적 글쓰기를 집중적으로 배우는 장(場)은 대개 대학원 강의실이다. 그들은 발제와 발표라는 형식으로 논문 쓰기의 규칙을 학습하며, '페이퍼' 곧 연구보고서 제출 과정을 통해 학문 활동의 기초자세와 형식을 배우고 익힌다. 이 과정에서 학생들은 자연스레 교수를 닮아가게 마련이다.

학회나 대학 이외에 논문중심주의 글쓰기에 영향을 끼치는 요소는 또 있다. 그 가운데 하나는 학회와 대학이 속한 국가다. 근대국가는 기본적으로 '지식국가'(knowledge state)로서 학문을 지원하고 육성하는 일에 앞장서 왔다. 이는 '아는 게 힘'이라는 발상의 연장선에서 '지식이 곧 국력'이라 인식한 결과다. 국가는 교육정책과 어문정책을 통해 한 사회의 글쓰기 문화에 전반적으로 관여하기도 하지만 특히 각종 연구지원 사업을 통해 학계의 논문 중심 글쓰기를 직접 장려하기도 한다. 그리고 그 배후에는 이를 전담하는 국가기구가 있다. 미국에 국립과학재단(National Science Foundation, NSF), 영국에 연구혁신청(UK Research and Innovation, UKRI), 일본에 과학기술진흥기구(Japan Science and Technology Agency, JST)가 있다면 우리나라에는 한국연구재단(National Research Foundation, NRF)이 있다. 사회과학 분야로 특화된 한국사회과학협의회(Korean Social Science Research Council, KOSSREC)도 있다.[61] 경제인문사회연구회(National Research Council for Economics, Humanities and Social Sciences)는 대학의 학술 연구와 정부 산하 싱크탱크(Think Tank)들의 정책 연구를 연계하는 지식 생태계의 허브로서, 다른 나라에서 유례를 찾기 힘든 국가주의적 연구관리 시스템이다.

이들 조직은 대학을 돕기도 하지만 길들이기도 한다. 이와 같은 양면성 가운데 우리나라의 경우 전자보다는 후자의 성격이 훨씬 두드러진다. 한국연구재단 시스템은 "학(學)의 세계를 평균화, 전일화(全一化), 국가화하며" 그 밑에서 모든 연구자들은 '국가-학자'가 되는 경향이 있다(천정환, 2010:194-195). 한국에서 '지식인=교수=연구자' 모델이 성립한 것은 1960년대 중반부터 시행된 학술연구조성비 사업의 결과라 볼 수 있다(최진석, 2025). 이를 통해 그 이전 '공론장 중심의 지식인'은 점차 '제도권 내 전문가'로 치환되었다. 교수의 역할은 '연구'로 한정되기 시작했고, 연구라는 이름의 학술지 글쓰기는 소수 '지식인'의 '지적 실천'이 아닌 일상적 '업무'로 전환되었다. 더불어 지식인 카테고리에서 작가, 저널리스트, 재야 비판자 등이 점차 제외되기 시작했다. 요컨대 연구자의 정체성은 대학이라는 제도적 기반 위에서만 성립되고, 연구자란 국가가 승인한 제도적 장(場)안에서만 유효한 신분이 된 것이다.

국가가 학계에 깊숙이 개입하게 됨에 따라 교수들은 논문 기계(Paper Machine), 대학은 논문 공장(Paper Mill)으로 변모해 가고 있다. 한국연구재단은 학회와 학술지를 제도적으로 공인하는 국가기관일 뿐 아니라, 연구자는 연구비 지원을 받기 위해 연구재단 등록이 필수적이다. 한국연구재단은 회원 수, 발행 횟수, 심사위원 수, 논문 탈락률 등에 대한 평가를 통해 '등재지'라는 개념을 만들어냈다. 국가가 나서서 학술지에 등급을 매기는 것인데, "세상 천지에" 이런 나라는 우리 밖에 없다(김경만, 2015:146).[62] 표절 등을 포함하는 연구윤리의 감독이나 관리도 한국연구재단이 맡고 있다. 결과적으로 배후에 국가가 힘을 행사하는 한국연구재단에 의해 학자들은 논문 중심의 글쓰기에 더욱더 길들여질 수밖에 없는 존재가 된 것이다.

학계나 대학 바깥에서 국가와 더불어 논문 중심의 글쓰기를 부추기는 또 하나의 사회적 힘은 각종 대학평가 기관으로부터 나온다. 여기에는 영리 목적의 대학평가 전문기관도 있고 일부 언론사도 있다. 대학들은 신입생 모집이나 정부의 재정 지원사업 때문에 외부 평가에 목숨을 거는 경향이 있는데, 문제는 현행 각종 대학평가가 정량적(定量的) 지표 위주라는 사실이다. 학자들의 연구 생산성과 연구 영향력은 주로 논문 편수에서 판가름 나며, 이를 위해 그들은 논문 형식의 글쓰기에 점점 더 몰두할 수밖에 없는 현실이다.

대학 평가를 처음 시작한 것은 1983년 미국의 시사 주간지 〈유에스 뉴스 앤드 월드 리포트〉(U.S. News & World

Report)였다. 〈타임〉, 〈뉴스위크〉 등 경쟁지에 밀려 고전하던 차에 미국 내 모든 대학을 일렬종대로 세우는 평가 방식을 통해 독자들의 관심을 끌고자 한 것이다. 관건은 순위의 공정성을 담보할 통계 모형의 개발이었다. 기왕 최고의 대학으로 알려진 하버드(Harvard), 스탠퍼드(Stanford), 프린스턴(Princeton) 등이 윗자리를 차지한다면 모델의 타당성에 대한 신뢰도가 높을 것이라고 판단한 끝에, 명문대를 명문대로 만들어 왔던 제반 특징을 먼저 조사하였다. 물론 그 가운데 대표적인 것이 논문 생산량이다. 그리고 이를 모든 대학의 우열을 가늠하는 핵심평가 기준으로 삼았다(오닐, 2017:95-122). 그런 만큼 기존 유명 대학의 상위권 포진은 늘 따 놓은 당상이지만, 하위권 대학의 순위 반란은 애초부터 기대하기 어려울 수밖에 없다.

글로벌 대학 평가도 원리는 비슷하다. 1994년과 2004년 영국에서 각각 시작된 QS(Quacquarelli Symonds) 및 THE(Times Higher Education) 대학 평가의 경우 기본적으로 영미권 대학에 유리하다. 고등교육의 역사가 긴 데다가 국제 학술 무대의 '공인구'(公認球)로 통하는 영어로부터 혜택을 톡톡히 보기 때문이다. 재정이 탄탄한 종합대학, 논문 양산이 가능한 이공계 중심일수록 총점이 높은 것 역시 평가 지표가 처음부터 그렇게 구조화되어 있기 때문이다. 양적 지표만으로는 대학 평가가 건학 이념이나 학풍, 교육의 질, 구성원의 행복감과 자부심과 같은 요소들을 제대로 반영하기 어렵다. 천재 물리학자 알베르트 아인슈타인(Albert Einstein)은 다음과 같은 글귀를 연구실 벽에 붙여 놓았다고 한다. "의미 있다고 해서 모두 셀 수는 없으며, 셀 수 있다고 모두 의미 있지는 않다"(블라우, 2022:77). 그럼에도 우리나라는 대학 당국, 정부, 언론계, 일반 국민 할 것 없이 죄다 양적 지표 중심의 대학평가를 숭배하고 맹신하는 경향이 있다.[63]

 사회학은 글쓰기다!

1. '호모 스크리벤스'(Homo Scribens)

글쓰기란 당연히 글 혹은 문자의 존재를 전제로 한다. 글이 없다면 쓰는 행위도 없었을 것이기 때문이다. 글쓰기는 '역사적으로' 등장하였다. 글이 만들어지기 이전에도 인류문명은 있었거니와, 글쓰기가 인류문명의 영원한 반려자가 되리라는 필연적 이유도 없다. 작금의 디지털 시대가 예고하는 것처럼 언젠가 글쓰기라는 단어 자체가 죽은 말이 될지도 모른다. 미국에서는 학생들에게 더 이상 '필기체'를 가르치지 않는다. 손글씨를 잘 쓰기 위해 많은 학생들이 배우고 익히던 이른바 '아메리칸 커시브'(American

Cursive)가 점차 추억 속으로 사라지고 있는 것이다. 중국에서는 '제필망자'(提筆忘字)라는 말이 유행이다. 펜을 들었으되 글자가 생각나지 않는다는 뜻이다(로젠, 2024:94-95).

"태초에 말씀이 계시니라, 이 말씀이 하나님과 함께 계셨으니 이 말씀은 곧 하나님이시니라" - 성경 〈요한복음〉은 이렇게 시작된다. 물론 이때 말씀(word)은 반드시 문자언어와 대비되는 음성언어를 지칭하는 것이 아니다. 그럼에도 최소한 성경 어디에도 글이나 문자로 소통하는 장면은 찾아볼 수 없다. 모세가 하나님으로부터 받은 십계명 가운데는 사람들로 하여금 자신의 생각을 시각적 이미지로 형상화하지 못하게 하는 내용이 포함되어 있다. 행여 그와 같은 형상화가 하나님의 본질을 다르게 표현할 수도 있기 때문이었다(포스트먼, 2020:25-26). 예수 스스로 자신의 생각을 글로 남긴 적도 없다. 대신 예수가 애용한 방식은 말로 주고받는 문답이었다.[64]

비단 기독교뿐 아니라 모든 종교가 글이 아닌 말로 시작되었다. 이는 글이 말보다 나중에 등장한 탓도 있지만, 글보다 말에 더 큰 가치를 둔 사정도 크다. 부처도 글을 직접 남기지 않았거니와 특히 선종(禪宗)에서 말하는 이른바 '불립문자'(不立文字)란 문자가 지니고 있는 형식과 틀에 집착하거나 빠지게 되면 경지에 이를 수 없다는 취지다. 막스 베버에 의하면 인도 브라만 계급의 신성한 지식은 수 세기 동안 구두(口頭)로만 전승되었고, 하위 계층들이 그들의 기밀 지식 독점을 깨트릴까 두려워한 나머지 그것을 글로 옮기는 행위 자체를 금지했다(위버, 1963:67).

구술 커뮤니케이션은 양면의 날을 갖고 있다. 한쪽은 원칙적으로 당사자들 사이에만 교환되기 때문에 가능해지는 기밀 유지다. 언론에 자주 등장하는 바, 정치인 사이에 이루어지는 이른바 '독대'의 의미도 이와 관련되어 있다. 이 경우 대개 문자 기록은 배제된다. 문서를 남기지 않겠다는 의도인 것이다. 조직 안에서 "중요한 것은 반드시 구두로 보고하라"라는 말이 나오는 것도 그렇게 하는 것이 정보의 보안에 유리하기 때문이다. 구술 소통의 다른 측면은 유사시 당사자 일방의 부인(否認) 가능성이다. 보존된 문서기록이 없기에 벌어질 수 있는 일이다. 훗날 매사는 '문서로 남겨라'(Get it in writing)라는 속담이 생긴 것은 이런 연유에서다(스콧, 2020:271-275, 423).

그러다 인류문명은 말하기나 듣기 위주의 구술시대로부터 쓰기나 읽기 중심의 문자시대로 바뀌었다(Ong, 1982 볼 것). 물론 그 과정은 점진적이었으며 후자가 전자를 완전히 대체한 것도 아니다. 또한 말하기나 듣기 이외에도 인류는 수만 년 동안 선화(線畫)나 기호, 그림과 같은 다양한 소통 수단을 갖고 있었다. 진정한 의미의 문자가 존재하려면 그것을 사용하는 집단의 생각이나 감정을 분명하게 재현할 수 있는 공식적인 기호나 상징 체계, 그리고 이에 대한 사람들의 합의가 필요했는데 그러한 조건이 최초로 충족된 것은 기원전 3000년 경 메소포타미아 지방에서였다. 알파벳 창조는 글쓰기에 있어서 실로 혁명적 사건이었다(장, 1995:12, 52-71).

말이 상대적으로 자생적인 것이라면 글은 인위적으로, 의도적으로 생겨나는 경향이 있다. 말하자면 글의 '사회적' 기원이다. 이와 관련하여 프랑스의 사회학자이자 철학자인 앙리 르페브르(Henri Lefebvre)는 "사회에 의한, 그리고 사회를 위한 글쓰기의 역사"를 말한다(르페브르, 2005:288). 그에 의하면 글쓰기는 "인류의 수많은 획득물의 기초이며 출발점"이다. "글쓰기는 아직 이데올로기가 있기 전에 최초의 상부구조"로서 법률과 더불어 "관념성의 토대를 이룬다"(르페브르, 2005:286). 글쓰기는 "지식과 기술의 축적과 사회적 기억을 허용하고 사회의 조직과 문명을 가능하게 하기에…글쓰기에 근거를 둔 사회는 명령에 토대를 둔 사회"

가 된다(르페브르, 2005:288-289). 요컨대 말에 비해 글은 상대적으로 권력 자원에 가깝다는 뜻이다.

글쓰기와 더불어 인류문명에 지배관계가 탄생했다고 생각하는 르페브르는 글쓰기의 등장 이후 "국가가 신의 섭리를 대신"하게 되었다고 본다.[65] 곧, "글쓰기에 기반을 둔, 그리고 그것에 의해 정당화되는 관료주의적 합리성과 지식·능력"이 점차 사회의 사소한 부분까지 지배하게 되었다는 주장이다(르페브르, 2005:292-293). 문자 생활이 보편화되면서 말보다는 글이 힘이 더 강해졌다. 이른바 '글로 쓰인 물건'(chose écrite)이 구술 방식보다 기록성이나 신뢰성의 측면에서 확실한 우위를 차지하게 된 결과다(르페브르, 2005:285-287). 일상생활에서 '누구한테 들었다'라든가 '누가 말하더라'보다, '책에서 봤다'라든가 '신문에 났더라'라는 전언(傳言)에 더 큰 힘이 실리는 것이 그 증거다.

하지만 르페브르가 주장하는 것처럼 글쓰기가 반드시 '사회에 의한, 그리고 사회를 위한' 것만은 아니다. 글쓰기가 정치사회적 차원의 이른바 '지식·권력 장치'(power-knowledge dispositif) 속에서 작동한다고 보았다는 점에서 같은 프랑스의 사회학자이자 철학자인 미셸 푸코(Michel Foucault)는 르페브르와 서로 통하는 점이 있다. 글쓰기는 담론(discourse)을 생산하고 조직하는 행위로서, 진리를 구성하고, 인간을 형성하며, 권력을 행사하는데 분명히 기여한다. 하지만 푸코는 글쓰기의 다른 측면도 강조했다. 푸코는 고대 그리스 시대 헬레니즘과 스토아 철학을 연구하면서 글쓰기를 '자기실천의 기술' 혹은 '자기 수양의 테크닉'으로 인식했다. 독후감 작성이나 일기 쓰기 등은 단순한 기록 습관을 넘어 자신을 살찌우는 철학적 행위라는 것이다. 이른바 주체(subject)가 외부로부터 우연히 '주어진' 그 무엇이 아니라, 치열한 내면적 노력을 통해 구축된다는 주체화(subjectivation) 논리의 연장이다. 이런 맥락에서 글쓰기는 독서와 더불어 "자기 수련의 한 요소" 혹은 "훈련이며 명상의 요소"가 된다(푸코, 2007:13-14, 385).[66]

이와 더불어 글쓰기는 현실을 만들어 내거나 바꾸는 것과 같은 사회적 효과를 발생시키기도 한다. 언어철학 및 분석철학의 대가 영국의 J. L 오스틴(Austin, 1992)에 의하면 언어는 단순히 기술적(descriptive) 수단이 아니라, 발화(發話)하는 순간 무언가를 실행한다. 이른바 '언어의 수행성'(遂行性, performativity of language)이다. 혼인서약서가 혼인 관계를 성립시키고 법정의 판결문이 법적 효력을 창출하듯 말이다. 아니면 루소의 『사회계약론』이나 마르크스의 『자본론』이 프랑스혁명과 러시아혁명의 불씨가 되듯 말이다. 오스틴의 표현에 따르면 "어떤 것을 말하는 것은 곧 어떤 것을 행하는 것(To say something is to do something)"이다(오스틴, 1992:27, 33). 이렇게 언어를 '무엇을 하는 행위'로 이해하는 관점은 훗날 하버마스(Jürgen Habermas)가 주창한 '의사소통적 행위론'의 기초가 되기도 했다.

언제부턴가 우리 인류의 삶은 글쓰기로 가득 차게 되었다. 사실 글쓰기가 빠진 교육과정은 없다고 해도 과언이 아니다. 공적 용도의 서류나 문건은 물론이고 개인적으로도 글쓰기가 보편화된 세상이다. 오늘날 인간은 '호모 스크리벤스(Homo Scribens)', 곧 '글을 쓰는 존재'로 살아간다.[67] 그렇다면 왜 이렇게 글쓰기가 마치 제2의 천성이나 본능처럼 되어있는가? 이와 관련하여 20세기 전반 영국의 작가이자 저널리스트로 명성이 높았던 조지 오웰(George Orwell)은 『나는 왜 쓰는가』라는 제목의 수필을 쓴 적이 있다. 그는 단순한 생계 목적 이외의 글쓰기 이유를 크게 다음 네 가지로 나누었다(오웰, 2010:289-300).

첫째는 '순전한 이기심'(sheer egoism)으로 "똑똑해 보이고 싶은, 사람들의 이야깃거리가 되고 싶은, 사후에 기억

되고 싶은 등등의 욕구"를 말한다. 이는 정치인이나 사업가, 법조인, 예술가 등 주로 최상층에 있는 사람들이 갖고 있는 특성인데, 오웰은 현실 세계에서 이런 허영심 많고 자기중심적인 동기가 많이 작용한다고 본다. 둘째는 '미학적 열정'(aesthetic enthusiasm)이다. 이는 "외부 세계의 아름다움에 대한, 또한 낱말과 그것의 적절한 배열이 갖는 묘미"에 빠져 글을 쓰는 것이다. 주로 작가들에게서 발견되는 이와 같은 글쓰기의 목적은 자신이 체감한 바를 공유하기 위해서라고 말할 수 있다.

셋째는 '역사적 충동'(historical impulse)인데, 여기서는 "사물을 있는 그대로 보고, 진실을 알아내고, 그것을 후세를 위해 보존해 두려는 욕구"가 글쓰기의 목적이 된다. 오웰이 이런 경우를 구체적인 직업과 연계시키지는 않았지만, 그가 염두에 둔 것은 아마 학자나 저널리스트였을 것이다. 넷째는 '정치적 목적'(political purpose)이다. 오웰 자신이 말하듯 그는 '정치적'이라는 말을 가장 광범위한, 그런 만큼 다소 애매한 의미로 사용했다.[68] 이 동기는 "세상을 특정 방향으로 밀고 가려는, 어떤 사회를 지향하며 분투해야 하는지에 대한 남들의 생각을 바꾸려는 욕구"를 말한다. 여기서 최우선 관심사는 무엇보다 자신의 주장을

"남들이 들어주는 것"이다. 글쓰기란 "정치적 편향으로부터 진정으로 자유로울 수 없다"는 것이 오웰의 생각이다.

'글을 쓴다'라고 할 때 가장 먼저 연상되는 것은 가공된 종이 위에 필기류를 사용하여 일정한 글자의 모양이 이루어지게 하는 행위다. 하지만 실제 글쓰기 도구는 이보다 훨씬 다양하고, 글쓰기 재료 또한 마찬가지다. 손가락이나 바늘, 끌, 나뭇가지, 깃, 펜, 붓, 연필 등을 이용하여 물리적으로 그리거나 새기는 방식이 있는가 하면, 타자기처럼 기계적으로 '치는' 방법의 개발은 글쓰기에 있어서 일종의 혁명적 진보였다. 처음에 글은 돌이나 점토판, 천, 가죽, 나무껍질 위에 쓰이다가 양피지와 파피루스를 거쳐 점차 오늘날과 같은 종이 사용이 일반화되었다. 그러다가 최근에는 이메일이나 SNS 등 디지털 매체가 보편화되면서 '터치'에 의한 '입력 기반 표현'(input-based expression)이 글쓰기 방법으로 대세화되고 있다.[69]

글을 쓰는 물리적 혹은 기술적 수단이나 도구에 상관없이, 또한 글쓰기 동기 여하와도 상관없이 글쓰기 자체의 필요성과 중요성은 여전히 남아있다. 글쓰기와 문해력에 관련된 각종 사회적 및 국제적 노력이 이를 방증한다. 무엇보다 글쓰기 관련 책이 끊임없이 출간되고 있다. 입문이

나 교양에서부터 전문적 글쓰기까지 수준이 다층적일 뿐
만 아니라 창작이나 학술형 글쓰기, 카피라이팅, SNS 글쓰
기 등 영역도 세분화되어 있다. 글쓰기 관련 교육기관 역
시 도처에 성업 중이다. AI 시대의 도래에도 불구하고 글
쓰는 존재로서의 인간은 결코 소멸되지 않았다.

　최근 유네스코는 읽고 쓸 수 있는 문해력(文解力) 증진
을 핵심 사업 가운데 하나로 벌이고 있다. 문해력은 인간
의 권리이자 지속가능한 발전의 토대라는 인식에 따른 것
이다. 이에 따라 여성, 소외계층, 농촌주민, 난민 등을 주
요 대상으로 한 글로벌 문해력 프로그램(Global Literacy
Programme)을 시행하고 있을 뿐 아니라 9월 8일 '세계문
해의 날'(International Literacy Day)을 맞아 매년 국제문해상
(國際文解賞, International Literacy Prize)을 수여하기도 한다.[70]
사람들이 소통 문제에 관련하여 진지하면 진지해질수록,
글쓰기를 통해 이를 해결하고자 한다는 사실은 아무리 강
조해도 지나치지 않다(파웰, 1992).

2. 글쓰기의 마법

글쓰기는 단순히 말을 글로 옮기는 일이 아니다. 사회학을 포함한 학문의 세계에서 글쓰기가 중요한 것은 바로 이런 이유에서다. 글이란 말의 기록에 그치는 것이 아니라 마법에 가까운 완전히 새로운 종류의 지각 혁명인 것이다(포스트먼, 2020:30-31). 글쓰기에는 글쓰기 특유의 힘이 존재하고 작동한다. 글쓰기란 신경심리학적 및 신체물리적 과정을 함께 포함하는, 곧 인지적이고 육체적이면서 동시에 사회적인 행위다. 이러한 점에서 글쓰기와 '글 치기'(타이핑, typing)는 다르다(베커, 1999:218). 직업 타자수나 속기사는 눈과 귀, 손 등을 쓸 뿐이지만, 글을 쓴다는 것은 두뇌를 사용하는 "사고의 한 형태"에 해당한다(베커, 1999:14). 글쓰기는 신체노동과 정신노동의 창조적 결합인 것이다.

필기구를 사용하든 타자기나 컴퓨터를 이용하든, 글쓰기의 출발은 손이다. 손은 단순한 글쓰기의 수단이 아니라 글쓰기에 적극 참여하는 당당한 주체다. "손은 외부의 뇌(腦)다"라는 말은 그래서 나왔다. 인간의 손과 뇌는 서로 움직임의 원인이 되고 결과가 되도록 진화해 왔다(구보타 기소우, 2014:249). 글을 쓰려고 자리에 앉았을 때 "손을 계속 움직여라"라고 조언하는 것도 이런 이유에서다(골드버그, 2010:16-17).[71] 디지털 시대임에도 불구하고 손글씨 쓰기는 오히려 각광을 받기도 한다. 최근 손글씨는 범세계적으로 붐을 일으키고 있는 중이다.[72] 또한 시대착오적(?)인 육필(肉筆) 애호가도 적지 않다.[73] 세상이 아무리 바뀌어도 손글씨 특유의 용도가 여전히 살아있는 경우도 많다.[74]

물리적 행위로서의 글쓰기는 쾌락과 기쁨을 동반하는 측면이 있다. 철학자 서동욱은 글쓰기란 창작 또는 의미 전달의 수단이기 이전에 "자획(字劃)을 긋는 행위, 질료와 마찰을 일으키는 행위 자체 안에 들어 있는 모종의 촉각적 즐거움, 모종의 미감적(美感的) 향유 때문이 아닐까?"라고 말한다(서동욱, 2005:280-282). 필기류에 관한 모든 종류의 물신숭배는 바로 그 때문에 생겨난다는 것이다. "문지르는 행위로서 글쓰기 안에 들어있는 좋은 것은, 혹시 애인의 살을 애무하는 행위가 찾던 좋은 것과 같은 것은 아닌가?" 하고 그는 덧붙인다. 그가 볼 때 "테크닉 차원에서 문자는 음성언어의 외연이 아니라 데생과 판화의 외연"이다. 무릇 글쓰기란 그림 그리기와 비슷한 감성계(感性界)적 움직임이라는 주장이다.[75]

글쓰기의 힘은 무엇보다 글쓰기 '과정'에서 글을 쓰는

동안 나온다. 이미 알고 있는 지식을 글로 옮길 수도 있지만, 글을 써 나가는 동안 지식의 탄생과 축적, 정리가 이루어지는 경우가 사실은 더 흔하기 때문이다. 말하자면 글쓰기가 부리는 마법이자 마술이다. 글쓰기를 통한 대중과의 소통 문제에 관심이 많은 일본의 사상가 우치다 다쓰루(內田樹)는 다음과 같이 말한다.[76] "우리는 '이미 알고 있는 것'을 쓰는 것이 아닙니다. 글을 쓰는 동안 무슨 말을 하고 싶은지, 무엇을 알고 있는지 발견합니다. 글을 써보지 않으면 자신이 무엇을 쓸 수 있는지, 무엇을 알고 있는지 알지 못합니다"라고(우치다 다쓰루, 2018:47-48). 그에 의하면 '먼저 알고, 다음에 쓴다'는 식의 일반적 이해는 사실과 다르다.

우치다 다쓰루는 다음과 같이 이어 말한다. "글을 쓰기 전에는 자신이 지금부터 무엇을 써 나갈지 모르는 법입니다….(하지만) 글을 쓰는 일을 하고 있으면 분명 어떤 종류의 '기류'라든가 '수맥' 같은 것을 느끼는 감촉이 옵니다. 그것을 요령 있게 붙잡기만 하면, 마치 상승기류를 타고 글라이더가 날아오르듯, 요트가 순풍을 타듯 성큼성큼 앞으로 나아갑니다"라고(우치다 다쓰루, 2018:47-48). 이때 그가 염두에 두고 있는 것은 스위스의 구조주의 언어학자 페르디낭 디 소쉬르(Ferdinand de Saussure)의 '애너그램 가설'(Anagram Hypothesis)이다.

애너그램은 유럽에서 고대로부터 유행해 왔던 것으로 어떠한 단어의 문자를 재배열하여 다른 뜻을 가지는 다른 어휘로 바꾸는 일종의 말장난이다. 'listen'이 'silent'로 바뀌는 식이다. 어원상 애너그램은 'ana'(다시, 거꾸로)와 'gramma'(글자, 문자)의 합성어로서, 우리말로는 '어구전철'(語句轉綴)로 번역된다. 고대 라틴 시(詩)에서 어떤 단어나 이름이 시 전체에 산재된 형태로 반복해 나타난다는 점에 주목한 소쉬르는 이를 애너그램이라 명명했다. 애너그램 가설은 언어의 무의식적 작용과 의미 생성의 비(非)의도성을 주장한 것으로, 언어는 의미를 명확하게 전달하는 도구가 아니라, 스스로 유희하는 가운데 흔적을 남기는 복잡한 구조라는 취지다.

글쓰기 마법이란 요컨대 "인간이 언어를 다룰 때 스스로 생각한 것보다 무의식적으로 훨씬 더 많은 작업을 해낸다"는 뜻이다(우치다 다쓰루, 2018:88-90). 우리가 글을 쓸 때 펜을 움직이는 것은 소크라테스가 '다이모니온'(daimonion)이라 부른 어떤 '잘 알지 못하는 존재', 곧 '내면에서 들리는 신령한 소리'의 힘이라는 것이다(우치다 다쓰루,

2018:217). 그는 이렇게도 말한다. "한마디로 우리가 글을 쓰고 있을 때 '지금 쓰고 있는 글자'가 '이제부터 쓸 글자'를 데리고 온다기보다는 오히려 '이제부터 쓸 글자'가 '지금 쓰고 있는 글자'를 불러일으키는 것입니다. 말하자면 멀리 있는 표적을 활로 쏘는 식으로 말은 줄을 잇는 것입니다". 이어 그는 "내가 글을 쓰는지, 언어가 자기 증식을 하는지 모르는 상태로 나아간다"고 덧붙인다(우치다 다쓰루, 2018:102, 205).[77]

이와 같은 글쓰기의 마법은 결코 문학이나 철학과 같은 인문 분야의 전유물이 아니다. 글쓰기의 수행적 측면이 사회과학 방법론의 하나가 될 수 있기 때문이다. 앤드류 애봇(Abbott, 2004)은 사회학 연구에 있어서 어떤 가설을 어떤 자료를 통해 '검증'할 것인가라고 하는 차원 못지않게 중요한 것은, 애초에 무엇을 연구할지를 '발견'하는 것이라고 생각한다. 이에 그는 연구 주제나 아이디어를 얻게 되는 다양한 '휴리스틱'(heuristics), 곧 직관적 추론경로를 소개하면서 이론, 데이터, 새로운 방법론, 삶의 경험, 다른 학문 분야 등을 예로 들었다.

흥미로운 점은 글쓰기 행위 또한 "사회적 세계를 새롭게 구획하고 지식을 다시 구성하는 행위" 가운데 하나라는 사실이다(애봇, 2014). 그에 의하면 글쓰기 과정은 '비기계적·비선형적이고 모험적인 여정'으로서 '지식을 발명하고 획득하는 습관'을 배양하는 휴리스틱 요소를 담고 있다. 곧, 글쓰기란 단순히 최종 생산물에 그치는 것이 아니라 연구의 발상 및 진행, 논리 구성 등에 적극 개입하는, 그 자체로서 매우 창조적인 행위라는 것이다. 이는 글을 쓰는 과정이 알게 모르게 지적인 마법을 부린다는 우치다 다쓰루의 주장과 상통하는 대목이 아닐 수 없다.

3. 에크리튀르

인간이 아무리 '글 쓰는 존재'라고 해도, 또한 글쓰기 행위가 아무리 신비한 마법을 동반한다고 해도, 글을 쓴다는 것이 전적으로 자유롭거나 창의적인 작업은 아니다. 모든 글은 정도의 차이에 불구하고 각종 사회적 규제 혹은 합의의 산물이다. 완전히 맘대로 하는 글쓰기란 세상에 존재하지 않는다. 이는 표현의 자유나 문법의 문제가 아니다. 우리의 글쓰기는 알게 모르게 사회적으로 규범화되어 있고 제도화되어 있다는 사실을 말하는 것이다. 일반적으로 글쓰기를 어렵게 생각하는 것도 이 때문이다. 이를 설명해 주는 것 가운데 하나가 프랑스의 구조주의 철학자이자 비평가인 롤랑 바르트(Roland Barthes)의 '에크리튀르'(écriture) 개념이다.[78] écriture는 '쓰다'를 의미하는 écrire의 명사형으로 글을 쓰는 행위, 글을 쓰는 방법을 말한다. 영어 'writing'이 이에 가까운 뜻이다.

바르트는 언어를 다음 세 가지 층으로 나누어 설명했다 (바르트, 2007:15-22; 우치다 다쓰루, 2018:126-135). 첫째는 '랑그'(langue)인데 이는 선택의 여지 없이 우리의 글 쓰는 행위에 자동으로 개입하는 것으로, 주로 모어(母語)나 국어와 같은 언어가 이에 해당한다. 둘째는 문체 혹은 어감으로 번역되는 '스틸'(style)인데 이는 어쩔 수 없이 드러나는 개인의 글쓰기 취향, 기호 혹은 개성이다.[79] 랑그가 외적 규제라면 스틸은 내적 성향에 해당한다. 그리고 셋째가 바로 랑그와 스틸 사이에 위치하는 '에크리튀르'이다. 그것은 사회방언 혹은 집단적 언어운용으로서, 한편으로는 우리가 선택하지만 다른 한편으로는 우리를 구속한다. 그것은 우리의 언어생활을 특정한 정형에 묶는 일종의 '우리'〔함(檻)〕다.[80]

바르트는 문학의 예를 들면서 대략 1850년쯤 프랑스에서 '이것이 문학이다'라며 주의를 환기하는 그 무언가가 확립되었다고 주장한다. 그 무언가는 부르주아 계층이 만든 '고전주의' 글쓰기 방식과 중립성 및 명료성의 추구로서, 이를 통해 문학이 문학으로 인정받게 되었다고 주장한다.[81] 그것은 관념이나 랑그, 스틸과는 상관없이 제시되는 한 무리의 '기호'였고, 그 이후 문학적으로 고유한 기호들의 역사인 '문학언어'의 역사를 그려내는 것이 가능해졌다는 것이다(바르트 2007:15-22). 바르트는 이러한 고전주의 글쓰기 방식을 비판했다. 형식적으로 그것은 중립적이고 명료하며, 내용상 그것은 보편적 진리와 자연 질서, 합리성을 표현하는 듯하지만, 실제로는 부르주아 계급의 지배 이데올로기를 은폐하는 효과를 가진다는 이유에서다. 요컨대 집단적으로 규범화된 일련의 언어 행위가 언어 주체의 사유를 조직하고 왜곡한다는 점을 지적한 것이다.

이처럼 에크리튀르는 표준화 압력을 통해 글쓰기를 언어적 틀 혹은 형식에 가둔다. 발화자는 에크리튀르가 요청하는 언어 사용법으로, 또한 에크리튀르와 어울리는 콘텐츠를 이야기하도록 강요당하는 셈이다(우치다 다쓰루, 2018:134). 랑그나 스틸과는 달리 에크리튀르는 역사 속에 작동하는 사회적이고 이데올로기적인 글쓰기 방식이다.

그런 만큼 그것은 일종의 '언어정치'다. "우리는 모두 자기가 사용하고 있는 어법의 진리 속에, 즉 그 지역성 속에 붙들려 있다. 나의 어법과 다른 이웃 사람과의 어법 사이에는 격렬한 경쟁 관계가 있고, 우리는 그곳으로 끌려 들어간다. 왜냐하면 모든 어법은 패권을 다투는 투쟁이기 때문이다"(우치다 다쓰루, 2018:133).

오늘날 우리에게 익숙해진 혹은 우리가 알고 있는 바 문학이라는 이름의 에크리튀르가 존재하는 것처럼, 학문의 세계에도 그 나름의 에크리튀르가 자리 잡고 있다. 에크리튀르의 구축에 관한 한, 학문이 문학보다 정도가 심했으면 심했지 결코 덜 하지는 않을 것이다. 알게 모르게 학자들은 학술적 내용의 글을 어렵게 쓰는 경향이 있는데, 이는 비전문가 하위계층을 배제하려는 '언어정치'의 일환이라 볼 수 있다. 학술 세계 고유의 에크리튀르에 접근하기 위한 일정한 교양, 곧 문화자본을 독자들에게 요구하는 셈이다.

이에 대해서 학자들의 의견은 나뉘는 경향이 있다. 한편에서는 학술 에크리튀르의 언어정치에 별다른 문제의식을 느끼지 않는다. 롤랑 바르트 자신도 소수의 지적 엘리트를 대상으로 책을 썼다. 미셸 푸코가 『말과 사물』을 썼을 때도 '기껏해야 2천 명 정도의 독자' 밖에 상정하지 않았다고 한다(우치다 다쓰루, 2018:141). 누군가가 저명한 프랑스의 사회학자 피에르 부르디외(Pierre Bourdieu)에게 "당신 글은 왜 그토록 어렵고 난해한가? 좀 쉽게 쓸 수도 있을텐데…"라고 묻자 그는 "사회학이 다루는 사회현상이 그만큼 복잡하고 어렵기 때문에 쉽게 쓸 수 있는 방법은 없다"라고 답했다고 한다(김경만, 2015:131에서 재인용).[82]

하지만 다른 입장도 있다. 정치학자 제임스 스콧은 읽기에 고통스럽지 않다면 훌륭한 사회과학 서적이 아니라는 일반 통념을 거부한다. 그는 부르디외의 책들을 높이 평가하면서도 "꼭 이렇게 어렵게 써야 했을까? 다른 방법은 정녕 없단 말인가?"라고 반문한다(뭉크·스나이더, 2012a:255). 정치학자이자 사회학자인 스카치폴도 비슷한 생각이다. "솔직히 외숙모에게 설명 못 할 사회과학 연구는 없다고 생각한다. 많은 학자가 전문용어를 써가며 말해야 한다고 여기는 것 같은데 전혀 그렇게 할 필요가 없다. 비전문가로 구성된 청중에게 연구의 복잡한 사항을 하나하나 설명할 것까지는 없으나, 왜 그들이 이 문제에 관심을 가져야 하는지, 그리고 왜 내가 관심을 가지고 있는지를 말할 수 있어야 한다"는 것이 그녀의 지론이다(뭉크·스나이더, 2012b:416).

어쨌든 학술 에크리튀르라는 글쓰기 형식은 처음부터 독자가 한정되어 있어 지적 엘리트 이외에는 접근이 쉽지 않은 것이 부인할 수 없는 현실이다. 이런 글쓰기의 질을 검증하는 것 역시 동급 수준, 동업 전문가들의 몫이다(우치다 다쓰루, 2018:149). 그 결과, 학계의 글쓰기는 내부적으로는 표준화 내지 획일화되어 있고, 외부적으로는 폐쇄적이고 배타적인 모습을 드러낸다. 바르트가 에크리튀르라는 개념을 제안한 것은 이런 식으로 틀에 갇힌 글쓰기 방식이 바람직하지 않다는 문제의식 때문이었다. 이에 그는 '글쓰기의 영도'를 제안하기에 이르렀다. '가공하기 이전 상태'를 탐색하는 구조주의자답게 말이다.

바르트에 의하면 영도의 글쓰기란 '직설법적인 글쓰기' 혹은 '법칙에서 벗어난 글쓰기'이다(바르트 2007:76-79). 다시 말해 세상을 객관적, 중립적, 중성적으로 그려내는 것을 말하는데, 사회적 어법이나 문체로부터 자유로워지기를 바란다는 의미에서 '무구(無垢)한 에크리튀르' 또는 '백색(白色)의 에크리튀르'라 일컫기도 한다. 다시 말해 어떠한 사회적 규제나 요구로부터도 벗어나 솔직하고 꾸밈없이 말하는 가운데, 일상어, 대화체, 날 것의 움직이는 언어, 비개념적 내지 비전문적 용어를 적극적으로 사용하는 방식이다. 또한 이를 통해 글을 쓰는 자기 자신에게 집중하면서 모든 것을 글을 쓰는 지금 이 순간 마음의 흐름과 펜의 움직임에 맡기는 것이다.

　물론 이런 영도의 글쓰기란 현실적으로 불가능한 일종의 유토피아다. 글쓰기의 영도에 도달했다고 인정되는 순간, 그것은 다시 하나의 사조(思潮)가 되고 새로운 글쓰기 방법으로 정착되기 때문이다. 다시 말해 영도의 글쓰기가 새롭고 생기 있는 언어를 창출하는 바로 그 순간, 그것을 고사시켜 생명 없는 형식으로 바꾸어 버리는 것이다(우치다 다쓰루, 2018:160). 그럼에도 바르트는 영도의 글쓰기가 글을 쓰는 자로서 지향해야 할 목표 정도는 될 수 있다고 보았다. 말하자면 도달할 수는 없지만 추구되어야 하는 일종의 '글쓰기 영혼'이나 '글쓰기 정신' 같은 것이다. 요컨대 글쓰기에 있어서 우리는 에크리튀르를 무시해서도 안 되고 그것에 의해 완전히 종속되어서도 안 된다. 어쩌면 그것이 글 쓰는 존재 인간, 곧 '호모 스크리벤스'의 운명일지 모른다.

4. '이야기'의 힘

글을 쓰지 않으면 학자가 아니다. 다른 분야에 비해 사회학 전공자가 글을 쓰게 되는 매체는 매우 다양하다. 가장 일반적인 것은 논문의 형태다. 하지만 단행본을 낼 수도 있고 신문이나 잡지 같은 대중매체에 글을 실을 수도 있다. 요즘에는 SNS와 같은 디지털 매체를 이용하는 경우도 늘고 있다. 글쓰기의 전제는 누군가가 그것을 읽는다는 사실이다. 가급적 많은 독자를, 그리고 제대로 만날 수 없는 글은 글로서 실격(失格)이다. "학자들은 학계에 들어가 글 쓰는 일을 자청한 것이므로, 이를 진지하게 작업해야 한다"는 말은 이래서 나온다(베커, 1999:16). 무릇 학자란 글로 말하고 글로 살아가는 존재다.

일반적으로 쉽게 쓴 글이 쉽게 읽히는 경향이 있다. 대중을 상대로 인지도나 접근성을 높이고, 여기에다 글쓰기에 의한 경제적 이익까지 생각하면 더욱 그렇다. 학문적 글쓰기라고 해서 반드시 글을 어렵게 쓴다는 의미는 아니다. 콜린스는 "누구나 알 수 있게 설명해 줄 수 있는지 여부가 진정한 지식인인지를 가늠하는 잣대"라고 말한다(콜린스, 2014:7). 글을 어렵게 쓰는 것을 무슨 학자들의 전매특

허처럼 생각한다면 이는 착각이다. 어려운 내용을 어렵게 쓰더라도 어디까지나 이는 상정하는 독자의 수준을 감안할 때만 수용될 수 있다. 학자의 글이 비록 일반 독자들이 따라잡기에는 어렵더라도, 적어도 같은 학자들이 이해하는 데는 불편함이 없어야 한다.

사회학의 글쓰기는 다른 학문의 그것과 차별화되고 또 그래야만 한다. 그것은 인문학이나 자연과학 분야의 글쓰기와도 다르지만, 같은 사회과학 분야에 속하는 정치학이나 경제학, 법학 분야의 글쓰기와도 구분될 필요가 있다. 이는 사회학이 무엇인가, 곧 사회학의 정체성에 관련된 문제다. 사회학(sociology)은 본래 사회물리학(social physics)이라는 이름으로 탄생하였다. 지금도 사회학을 '사회과학'(social science)의 일원으로 분류하는 것이 일반적이다.[83] 그런데 사회학을 '사회과학' 대신 '사회연구'(social studies)로 부르자는 제안이 나온 지도 오래다. 대표적으로 밀즈는 사회학 분야에 만연한 '거대이론'(grand theory) 숭배와 통계적 방법을 통한 '추상적 경험주의'(abstracted empiricism)를 비판하면서 자신은 사회과학이 아닌 사회연구라는 말을 선호한다고 했다(밀즈, 1959:25).[84]

확실히 사회학은 과학이면서도 과학만은 아니다. 바로

이것이 사회학의 특징이라면 특징이고, 매력이라면 매력이다. 사회학자 막스 베버가 '소명으로서의 학문'을 이야기했다면 버거는 '사회학으로의 초대'라는 말을 즐겨 썼다(버거, 2012:100-101).[85] 버거는 사회학의 특장점(特長點)으로 "인간세계에 대한 집중적, 지속적, 뻔뻔스러운 관심"을 꼽는다(버거, 2023:35). "사회학자는 전 세계가 자신의 교구(敎區)"라는 말도 했는데, 이는 사람의 목소리가 들려오는 문 앞이라면 사회학자는 언제 어디서나 호기심에 사로잡히기 때문"이다(버거, 2023:37, 38). "사회학은 하나의 학문이라기보다 의식의 한 형태이자 인간과 세상을 바라보는 하나의 독특한 관점"이라는 것이다(버거, 2012:100).

콜린스에 의하면 사회학은 본래 헛소리나 뻔한 소리를 하는 학문이 아니다. 오늘날 사회학이 그런 이미지를 갖게 된 이유는 단지 사회학을 제대로 하지 않아서 일뿐이다. 그는 "최고의 사회학은 숨겨진 보물 상자와 같다"라고 말한다(콜린스, 2014:291). "상당히 의미 있는 발견을 이룩한 진정한 고갱이가 사회학에 있다"는 것이다(콜린스, 2014:6). 콜린스에 따르면 다른 학문보다 사회학은 세상이 돌아가는 중요한 원칙들을 더 잘 알고 있는데, 그것은 합리성의 한계를 전제로 한다는 점, 그리고 인간 사회를 유지해 주는 것은 감정이라는 점을 인식하고 있기 때문이다(콜린스, 2014:6-7). 무릇 인간의 사고는 기본적으로 사회적이며, 사회는 궁극적으로 사람들 사이의 상호작용 그 이상도 그 이하도 아니다. 사회는 실체라기보다 과정이며, 이는 사람들이 만날 때마다 사회가 만들어진다는 의미다(콜린스, 2014:244, 248).

사회학을 이처럼 '의식의 한 형태', '하나의 관점', '실체가 아닌 과정'으로 이해할 때 사회학은 기본적으로 사람들이 살아가는 이야기일 수밖에 없다. 그런 만큼 글쓰기는 사회학의 핵심적 방법론이자 최상의 결과물이다. 모든 업계는 나름의 술책을 갖고 있다. 오늘날 사회학계에서 일반적 혹은 전형적 술책이 있다면 그것은 표준화와 일반화를 강조하는 양적 방법론이다. 그러나 그것이 유일한 것이 될 수는 없기에 그 대안으로 베커는 '생각하기 술책'(tricks of thinking)을 제안한다(베커, 1998). 그것은 "자료와의 대화를 통한 귀납적 방식"이자 "소설가와 비견될 기술(記述)의 미학"이다.

베커의 '생각하기 술책'이란 '이야기와 사례'(stories and examples)를 중심으로 하는 서사적 스타일(narrative style)의 분석이다(베커, 1998:4-6, 57). 이는 우리가 알고 있거나 알고 싶어 하는 것들에 대해 '생각을 깊게' 하는 방법으로서, 현재 주어진 데이터를 이해하는 것은 물론 우리가 발견한 것을 바탕으로 하여 새로운 질문을 던지는 데도 유리하다. 이는 "일상생활에서 사회과학에 관해 진지해지는 것"이기도 하고 "생각하는 내용을 사회과학적 방식으로 뼛속에 집어넣는 것"이기도 하다(베커, 1998:218). 또한 이것은 '왜'가 아닌 '어떻게'를 묻는 것이고, 원인보다는 과정을 살피는 것을 말한다. 물론 이런 '생각하기 술책'이 학계에서 쉽고 편한 길은 아니다. 하지만 사회학이라면 마땅히 가야 할 '올바른 길'이라는 게 베커의 소신이다(베커 1998:6-7).

여기에서 말하는 이야기의 사전적 정의는 "어떤 사물이나 사실, 현상에 대하여 일정한 줄거리를 가지고 하는 말이나 글"이다(「표준국어대사전」). 'story'와 'history'의 뿌리는 같다. 라틴어 'histor'를 '알아내다', '탐구하다'는 뜻이다. 고대 프랑스어를 거쳐 12~13세기 무렵 중세영어에 이야기를 뜻하는 'story'가 등장하면서 역사를 의미하는 'history'라는 말과 개념적으로 갈라졌다. 그럼에도 역사와 이야기는 모든 언어권에서 서로 겹치는 부분이 많다. 이야기 방식의 핵심은 줄거리화(化)를 통한 의견의 개진 및 전달이다. 다시 말해 어떤 인물이나 사건, 배경이 시간적 흐름 속에서 전개되는 방식이다.

사실 이야기의 힘을 강조하는 것은 문화 영역의 오랜 전통이다. 스토리텔링의 가치에 대한 언급은 고대 그리스 시대 아리스토텔레스까지 소급된다. 기원전 335년에 쓰인 그의 『시학(Poetica)』은 플롯이나 캐릭터 설정, 시작→중간→결말의 흐름 등 스토리텔링의 원리와 기법을 총망라한 고전 중의 고전으로 간주된다. 아리스토텔레스가 보기에 이야기 구조를 만들어내는 능력이야말로 글쓰기에서 가장 중요한 요소다. 그러기에 『시학』은 미학의 기본서일 뿐 아니라 현대의 모든 드라마 작가, 시나리오 작가, 소설가들의 바이블이 되어 있다(아리스토텔레스, 2013 볼 것). 현재 할리우드 영화 제작자들도 스토리텔링의 비밀을 『시학』에서 찾고 있다고 한다(티어노, 2008).

미디어 및 커뮤니케이션 이론가이자 작가인 더글라스 러시코프(Douglas Rushkoff)가 서사적 상상력을 강조하는 것은 이런 맥락에서 당연한 일이다. 곧, 스토리는 사고의 기본 도구로서, 인간의 이성도 거기에 기댄다는 것이다(러시코프, 2014:26-27). 스토리는 스스로 납득하기 위해 인간의 정신이 고안해 낸 것으로, 위대한 문명 가운데 바퀴를 사용하지 않았던 문명은 있어도 스토리가 없었던 문명은 없다는 것이다. 문자와 종이가 발명되고 식자(識者) 문화 (Literate Culture)가 형성되면서부터 인류문명에서는 기승전 결 형태의 선형적 스토리가 기본 구조로 자리 잡았다고 본 다(러시코프, 2014:33-35).

정보화 혹은 정보과잉 시대의 이른바 '스마트 통치'를 비판하는 재독(在獨) 한국인 철학자 한병철은 오늘날 우리 가 '서사(narrative)의 위기'에 직면해 있다고 직격한다. 끊 임없이 등장하는 정보가 매 순간 스토리를 만들어 내고 있 긴 하지만, 이는 다음 정보에 의해 금방 사라질 운명에 처 해 있을 뿐이다. 그가 볼 때 작금의 스토리텔링(storytelling) 은 '스토리셀링'(storyselling)에 불과한 자본주의의 달콤한 무기다. 그가 말하는 서사는 스토리와 다르다. 서사는 "나 만의 맥락과 이야기, 삶 그 자체"로서 "나의 저 먼 과거와 현재, 미래를 연결하기에 방향성을 띤다"(한병철, 2023:7). 이에 그는 '이야기로서의 이론'을 주장한다. 사물들을 관 계성 안에 집어넣은 다음 왜 그렇게 관계되어 있는지 설명 하는 힘을 가지는 게 이론이라면, 궁극적으로 그것은 서 사의 형태를 띨 수밖에 없다는 주장이다(한병철, 2023:102- 103). 그에 따르면 우리 시대가 집단적으로 열광하고 있는 빅데이터(Big Data)에는 서사도 없고 설명도 없다.[86]

이야기의 중요성은 사회과학 분야에서도 마찬가지다. 사회과학 가운데 '과학성'이 가장 높다고 평가되는 경제학에서도 수사학(rhetoric)을 강조하는 목소리는 결코 적지 않다. 대표적으로 도널드 맥클로스키(Donald N. McCloskey, 1983)가 그렇다. 그/녀는[87] 오늘날의 실증주의 경제학을 비판하면서 본래 경제학은 '증명하는 과학'(a science of proof)이 아니라 '설득하는 기예'(craft of persuasion)라 주장한다. 그리고 설득이란 경제학이나 과학에만 국한된 사안이 아니라 모든 지식체계가 공유하는 보편적 본질이라 말한다. 경제학에서 수학이란 논증을 강하게 만드는 하나의 장치일 뿐, 경제학자에게도 역사학자나 윤리학자, 문필가 못지않게 글쓰기 능력이 필요하다는 주장이다.

그/녀가 볼 때 초창기 경제학은 스토리와 레토릭, 은유와 비유, 권위 있는 문헌 인용 등 다양한 담론 수단을 구사했다. 예컨대 경제학의 핵심 전제인 '합리적 인간'(homo economicus)은 일종의 픽션이다. '보이지 않는 손'(invisible hand)은 하나의 은유이며 '시장 신호'(market signal)나 '시장 실패'(market failure)라는 개념 또한 레토릭의 일환이다. 그러다가 1950년대 이후 미국 경제학계에서 공식이나 방정식, 수학적 내지 통계적 엄밀성이 강조되면서 이런 이야기 전통이 사라졌을 뿐이다. 최근에 부상 중인 '서사 경제학'(narrative economics)은 어떤 의미에서 '이야기 경제학' 전통으로 회귀하려는 움직임이라 볼 수 있다(쉴러, 2021 참조).[88]

정치학자 제임스 스콧은 "모든 것은 이야기의 한 형태"라는 경제학자 맥클로스키의 주장을 적극 수용하면서, 자신이 취하고 있는 연구방법론의 가치를 다음과 같이 주장한다. "탄탄한 이야기는 사회과학적 논증에서 중요한 역할을 한다. 설득하는 방법에는 여러 가지가 있는데도 사회과학에서는 마치 과학실험이라도 되듯이 연구 결과를 실험 보고서 형식으로 제시하는 경향이 있다. 가설을 제시하고, 관련 자료들을 늘어놓는 식으로 말이다. 그러나 이렇게 해서는 그 연구가 나오기까지의 실제 사고 과정을 제대로 요약해서 보여줄 수 없다". 그는 이렇게 덧붙인다. "고생스럽게 아이디어를 떠올렸다면 그 아이디어를 가장 강렬하고 설득력 있는 이야기 방식으로 쓰지 않을 이유가 없다"(뭉크·스나이더, 2012a:253, 257).

사회학의 경우에도 양적 분석 방법이 대세화되면서 이야기 전통으로부터 크게, 그리고 잘못 멀어져 왔다. 20세기 후반, 이를 다시 활성화하려는 시도가 나타났는데 역사사회학과 문화사회학 분야가 대표적이다. 스카치폴(Skocpol, 1984a:2-4)은 제2차 세계대전 이후 미국 사회학에서 스토리가 사라지게 된 이유로 역사사회학의 부분식(部分蝕, partial eclipse)을 손꼽는다. 1980년대 이후 제프리 알렉산더(Jeffery C. Alexander, 2007)가 기존의 '문화연구'(cultural studies) 수준을 넘어서는 문화사회학을 주도하면서, 사회분석과 관련하여 이야기를 중시하는 '서사 사회학'(Narrative Sociology)도 부상했다.

먼저 알렉산더는 문화사회학의 핵심 개념으로 이른바 '강한 프로그램'(strong program)을 제안한다(알렉산더, 2007:37-63). 이는 문화가 단순히 정치나 경제, 사회구조의 도구나 반영물로서의 '약한 프로그램'이 아닌, 독립적이고 자율적일 만큼 강하다는 전제에서 출발한다. 그에 의하면 "사회구조의 강제력의 비밀은 내면에 구조가 있다"(알렉산더, 2007:27). 마치 프로이트에게 정신분석의 목표가 무의식을 의식으로 대체시키는 것이었듯, 문화사회학은 "일종의 사회적 정신분석학"으로서 "사회를 규제하는 무의식적인 문화구조를 가시화"시키는 것을 목적으로 한다. 이에 알렉산더는 사회학 연구가 합리성과 일반화만 추구하기보다 '과학 외적(外的) 방식'으로 기능하기를 희망한다(알렉산더, 2007:32, 405-406). 지식인이란 단순히 세상을 '설명'하는 것이 아니라 '해석'을 해야 하며, 이는 "자신의 시대에 대한 역사적 서사를 창출한다는 것을 의미"한다. 말하자면 일종의 '성직자'나 '예언자' 역할이다.

알렉산더에 의하면 상징(symbol)이나 의미(meaning), 코드(code) 등으로 구성되어 있는 문화는 주로 '영웅 대 악당' 혹은 '희생 대 구원'과 같은 '서사적 구조' 방식으로 작동하는데, 이는 사회적 실천을 통해 갈등 해소나 공동체 형성에 적극 기여한다. 아리스토텔레스의 『시학』 전통을 계승하는 알렉산더의 '사회적 공연 이론'(social performance theory)에 따르면 사회적 행위나 사회적 사건은 서사, 상징, 드라마의 문화적 의례나 퍼포먼스 형태를 띤다. 말하자면 거기에는 배우(actors)와 대본(scripts)도 있고, 무대(stage)와 연출(Mise-en-Scène), 관객(audience)도 있다. 그는 '사회적 공연' 프레임을 바탕으로 홀로코스트나 워터게이트, 9·11 테러 등을 분석하였다.

역사사회학자 찰스 틸리(Charles Tilly)의 마지막 저서는 『왜(Why)의 쓸모』이다. 이 책에서 그는 혁명이나 전쟁과 같은 자신의 평소 주제에서 벗어나 사람들이 본인이나 타인의 행위, 혹은 세상에서 일반적으로 벌어지는 일에 대해 왜 이유를 제시하려 할까를 질문하였다. 그에 의하면 "인간은 이유를 제시하는 동물"이다(틸리, 2025:32). 오직 인간만이 어려서부터 이유를 제시하고 요구하며, 평생에 걸쳐 이유를 따지며 살아간다는 것이다. 그런데 어떤 현상이나 사건의 이유를 설명하는 일은 이야기를 하는 쪽과 듣는 쪽의 관계를 반영한다는 점에서 하나의 '사회적 활동'이다(틸리, 2025:7-8, 34-36, 45). 예컨대 상대가 친구인가, 상사(上司)인가, 가족인가에 따라 설명 방식이 서로 다르다. 이를 이 책의 주제와 연결하여 말하자면 이렇게 된다. 곧, 사회학이 '왜'를 설명하는 방식은 그 대상이 동료 학자들인지 일반 대중인지에 따라 다르고, 또 달라야 하는 것이다.

틸리는 이유의 범주로 다음 네 가지를 제시한다(틸리, 2025:45-60). 첫째는 '관행'(conventions) 혹은 관습이다. 관행은 적당한 인과적 해명을 지어낼 필요 없이 관습적으로 용인되는 이유를 대는 것으로 충분한 방식이다. 예컨대 약속 시간에 늦을 경우 '기차가 늦어서' 정도로 설명하면서 넘어가는 식이다. 둘째는 '이야기'(stories)다. 이는 예외적인 사건이나 생소한 현상에 대해서는 '어쩌다 보니 그렇게 됐다'라는 정도가 아닌, 보다 '무게감 있는 설명'이 필요하다는 뜻이다. 가령 9·11 테러, 가까운 친구의 배신, 졸업후 20년 만에 고교 동창을 이집트의 피라미드에서 우연히 만난 일 같은 것을 설명할 때 사용되는 것이 바로 이야기 방식이다. 셋째는 '규정'(codes)이나 규칙이다. 여기서는 설명 자체에 큰 비중을 두지 않은 채, 주어진 규칙이나 기준을 근거로 하여 결과를 통고할 뿐이다. 법원의 판결, 교회의 판단, 스포츠 시합 성적 등이 그 보기다. 끝으로 '전문적 논고'(technical accounts)는 해당 분야의 전문지식에 입각하여 합리적으로 납득할 만한 인과관계를 제시하는 방식이다. 과학적 내지 학술적 설명이 이에 해당한다.

이를 표로 정리하면 다음과 같다(틸리, 2025:53).

	일반적 (popular)	구체적 (specialized)
상투적 문구 (formula)	관행(conventions)	규정(codes)
인과적 설명 (cause-effect accounts)	이야기 (stories)	전문적 논고 (technical accounts)

위의 표에서 왼쪽에서 오른쪽으로 갈수록 이유가 질서 정연하고, 기술적이며, 일관된 체계로 표현된다. 위에서 아래로 갈수록 상황적 적절성보다 정확한 인과성이 보다 중요한 설명 요인이 된다.[89] 틸리는 이들 4가지 이유 가운데 가장 인기가 높고 가장 강력한 것은 '이야기'라고 말한

다. 아리스토텔레스의 『시학』을 전거로 하여 "인간이 만들어 낸 가장 위대한 사회적 발명품"이 이야기라 주장하는 틸리는, 이야기 방식이 "당황스럽거나 예외적인, 극적이거나 골치 아픈, 또한 본보기가 되는 사건에 대해 단순화된 인과적 해석을 제공한다"고 믿는다(틸리, 2025:142-143, 149). 또한 이야기는 구체적인 인간 행위자를 부각하는 경향이 있으며, 기승전결이나 육하원칙 등을 통해 전개 과정을 알기 쉽게, 그리고 재미있게 재구성하는 데도 능숙하다고 본다.

틸리가 특히 강조하는 것은 이른바 '양질의 이야기(Good Story)'다. 이는 "청중을 전문가로 만들려 하지 말고, 당신의 메시지를 청중이 이해할 수 있는 형식으로 변환"하는 것을 말한다(틸리, 2025:348-363). 그것은 인과적 연결성이 명확하고, 구체적 행위자가 등장할 뿐 아니라 복잡한 현실을 단순화하면서 감정적 공명(共鳴)까지 자아낸다. 그는 '이야기'와 '전문적 논고'를 비교하면서, 전문적 논고가 "일반 대중의 귀에 닿지 못한 채 학계 내에서만 머무르게 마련"이라면, 만약 이를 '양질의 이야기'로 재구성할 경우 보통 사람과 훨씬 쉽게 소통할 수 있다고 주장한다. 마치 의사나 변호사가 자신들의 전문적 논고를 고객을 위해 양질의

이야기로 바꾸는 것과 같은 노력이 학자에게도 필요하다는 주장이다.[90]

다행히 한국의 사회학자들 역시 이야기식 글쓰기에 대한 관심이 과거에 비해 높아지고 있다. 이기홍이 그 가운데 하나다. 그가 볼 때 오늘날 사회학계의 대세인 가설연역적 연구방법은 "기존 이론들에 대한 가공과 변형 그리고 경험적 자료에 대한 조작을 안내할 뿐, 결론에서의 새로운 발견이나 해석의 첨가는 허용하지 않는다"는 점에서 학문적 유용성이 제한적이다. 연구자의 상상력과 창의력, 통찰력이 개입할 수 있는 여지가 적기 때문이다. 사회학에게 진정으로 필요한 것은 "탐구해 낸 (가설적) 실재와 경험을 명료하게 연결 짓는 형태의 글쓰기"로서, 이는 지식을 전달하고 그것의 타당성을 승인받는 데도 더 효과적이라 믿는다. 초기의 고전 사회학자들이 그랬던 것처럼 말이다. 예컨대 문학 등에서 사용되는 '기-승-전-결' 형식의 글쓰기가 사회학에 더 적합할 수 있다는 것이다(이기홍, 2006:9, 15, 18, 23).

최근 사회학 연구에 있어서 이야기의 중요성을 활발히 개진하는 학자로 최종렬이 있다. 그는 이렇게 말한다. "사회학 자체가 이야기성을 회복해야 한다. 이야기에는 인물,

플롯, 사건, 장르가 있어, 인간의 삶을 극화된 방식으로 이끈다"(최종렬, 2009:18). 하지만 그에게 있어서 이야기 혹은 서사의 가치는 일단 사회학적 '분석의 대상'이라는 측면에 치중되어 있는 것으로 보인다. 곧, 구술사, 생애사, 심층면접, 문화기술지 등 '연구참여자의 이야기'를 탐구하는 것을 서사 분석의 핵심으로 간주하려는 입장이다. 그가 중시하는 것은 다른 사람의 이야기를 경청하기 위한 '서사적 인터뷰', 그리고 이를 위해 인터뷰를 하나의 '사회적 공연'으로 전환하려는 노력이다.

하지만 이 책이 강조하는 부분은 사회학의 분석 대상이 아닌, 전달 방법으로서의 이야기다. 물론 최종렬이 이야기 분석의 최종 단계에서 "살아있는 경험을 재창조하고 정서적 반응을 일으키는 글쓰기가 요청된다"고 언급하고 있기는 하지만 말이다(최종렬 외, 2015:24-25). 또한 그는 사회학자라 함은 글을 쓰는 자, 대상, 읽는 자 모두를 감각적, 정서적, 미학적, 가치론적으로 변형시키는 시인과 같은 존재가 되어야 한다고 주장하기도 한다(최종렬, 2024:304-305). 요컨대 사회학자를 "이야기꾼"으로 자리매김하려는 그의 문제의식 자체는 주목할만 하다(최종렬 외, 2015:40). 그럼에도 여전히 남는 문제는 글쓰기 내용 및 전략과 관련하여

'어떻게?'라는 것이다.

사회학자는 어떤 방식으로 이야기를 만들고 전달할까? 여기에는 크게 세 가지 정도의 역할 모델이 있는 것으로 보인다. 첫째는 탐정(spy) 내지 첩보원 이미지다. 여기서 특징은 연구자가 외부자이면서 내부자처럼 행동한다는 점이다. 사회학자는 현장으로 들어가 그 안에서 벌어지는 일들을 이야기 형태로 관찰하고, 기록하고, 분석하고, 보고한다. 이때 가장 중요한 것은 주관이나 선입관을 배제한 채 "사실로 존재하는 것만 정확히 말하는" 것이다(버거, 2023:19-20). 이를 통해 사회 내부의 이면, 예컨대 은밀한 권력관계, 기만, 위선, 감춰진 규율 등을 세상 밖으로 드러내는 것을 학자적 임무라고 생각한다.

보기로 어빙 고프만(Irving Goffman)의 『일상생활에서의 자기표현(Presentation of Self in Everyday Life)』(1956)은 자아(self)란 고정되어 있는 그 무엇이 아니라 막전과 막후에서 달라지는 일종의 연기라는 사실을, 윌리엄 화이트(William Whyte)의 『길모퉁이 사회(Street Corner Society)』(1943)는 비공식적 사회 네트워크가 하층민 공동체의 핵심 요소라는 점을, 그리고 베커의 『아웃사이더(Outsider)』(1963)는 일탈이란 사회적 규범을 어기는 개인적 특성이 아니라 그러한 규범

을 누가 만들고 적용하는지에 따른 사회적 낙인의 결과라
는 사실을 일종의 정탐(偵探)을 통해 밝혀낸 연구들이다.

둘째는 작가(writer) 혹은 소설가로서의 모습이다. 버거
에 의하면 "좋은 사회학은 좋은 소설과 유사"하다(버거,
2012:16). 역사사회학자 스카치폴의 표현에 따르면 좋은 사
회학이란 "좋은 플로베르의 소설"처럼 생기 있고 풍성하다
(스카치폴, 1984b:371). 소설 같은 사회학 연구는 우선 스토리
텔링 방식을 통해 글 읽는 재미를 독자에게 선사하며, 객
관성이나 중립성에 대한 강박관념을 넘어섬으로써 개인적
삶이나 감정의 영역을 굳이 배제하려 하지 않는다. 최근에
는 소설과 학문의 경계 자체가 무너지는 경우도 늘어나고
있다.[91]

대표적으로 지그문트 바우만(Zygmunt Bauman)의 『액체
근대(Liquid Modernity)』(2000)는 불확실성과 유동성, 개인
화로 특징지을 수 있는 현대사회를 고체가 아닌 '액체'에
비유하면서 이를 논문형식이 아니라 은유와 레토릭, 리듬
감이 가득한 문학작품 같은 저작에 담았고, 20세기 프랑
스의 계급적 균열을 분석한 피에르 부르디외의 『(구별짓기
(Distinction)』(1979) 역시 인물의 습성과 감각에 대한 풍속
화적 정밀 묘사, 상징적 은유 및 문학적 수사의 적극 활용

이라는 점에서 문학성이 돋보인다. 리처드 세넷(Richard Sennett)의 『장인(匠人, The Craftsman)』(2008)은 장인정신의 복원을 통한 인간다운 노동의 가치를 역설하는데, 이 역시 다양한 장인군(群)의 내면과 열정에 대한 섬세한 묘사나 철학 및 문학의 경계 넘나들기 등을 통해 마치 소설을 읽는 느낌을 준다.[92]

셋째는 저널리스트(journalist), 곧 기자 이미지다. 여기서는 사회현실을 보다 시의성 있게 생생하게 포착하며, 이를 위해 인터뷰나 현장 르포, 탐사보도 같은 취재 기법을 적극 활용한다. 또한 비판의식으로 무장한 사회적 감시자(watchdog)로서 역할을 자임하면서, 대중과의 적극적인 소통 및 여론 형성 등을 통해 사회적 실천을 지향하는 경우가 많다. 사회학이 학계 내부에 갇혀 사회적 영향력이 줄들어었다는 자기비판에서 출발한 공공사회학(public sociology)은 사회학과 저널리즘의 접점이라 볼 수 있다.[93]

저널리스트 사회학자의 원조는 아마도 칼 마르크스일 것이다. 그가 뉴욕 트리뷴(New York Tribune)이나 라인 신문(Rinische zeitune) 등에 정기적으로 기고한 것은 단순한 생계 문제 해결 그 이상의 의미를 갖고 있었다. 그에게 신문은 단순한 정보전달 매체가 아니라 계급투쟁의 무대이자 실천 무기였다. 또한 언론 활동은 각종 사건이나 정책에 관련하여 자료를 수집하고 현실 감각을 키우며 이론을 검증하는 소중한 기회이기도 했다.

푸코 또한 직접 저널리스트로 활동한 적이 있다. 그는 현재성을 강조하면서 "우리가 미래의 주인이 되고 싶으면 -영원성 같은 이슈가 아니라- 오늘의 문제를 제기해야 한다"고 주장했다(오생근, 2013:52).[94] 그가 지식인을 '보편적 진리의 담지자'가 아닌 '특정한 현장 속에서 특수한 위치를 차지하는 존재'라고 생각한 것도 저널리스트 이미지에 부합한다. 『감시와 처벌(Surveillance and Punishment)』(1975)에는 이런 느낌이 적잖이 묻어난다.

C. 라이트 밀즈도 비슷하다. 그는 사회학 연구자들의 '데이터 수집 보고서' 같은 글쓰기 방식을 비판하면서, 개인의 구체적인 경험과 역사적 구조를 연결하는 스토리텔링 방식의 글쓰기를 강조했다.[95] 『파워 엘리트』는 시사적인 문제의식, 탐사보도 형식, 대중친화적 문체를 통해 미국 민주주의의 실상을 고발하였다. 미국의 흑인 민권운동이나 워터게이트 스캔들, 9·11 사건 등을 '사회적 공연'처럼 재구성한 제프리 알렉산더의 『시민영역(The Civic Sphere)』(2006) 역시 저널리즘의 성격이 강하다.

Ⅳ 사회학과 모·국어

1. 근대사회와 자국어(自國語)

글쓰기의 원재료에 해당하는 언어란 무대 위로 갑작스레 튀어나와 위급하고 복잡한 사건을 한꺼번에 해결하는 '데우스 엑스 마키나'(Deus ex machina) 같은 것이 아니다(콜린스, 1998:10). '데우스 엑스 마키나'란 그리스 연극에서 쓰인 무대 기법 가운데 하나로서, '기계장치를 통해 무대에 내려온 신(神)'이라는 의미다. 곧, 긴박하게 필요한 상황에 갑자기 등장하는 그 무엇이라는 뜻이다. 언어는 이렇게 등장하지도 않고 발전하지도 않는다. 대신 그것은 나름의 역사적 배경과 사회적 맥락을 갖고 있다. 학술어가 특히 그렇다.

학술어로서 가장 긴 역사를 가진 언어는 기원전 6세기 무렵 이탈리아반도 중부 서안의 라티움(Latium) 지역에서 발원한 라틴어(Lingua Latina)이다. 오늘날 모든 학문의 뿌리는 라틴어로 소급된다. 서구 대학들의 학위증서, 곧 디플로마(diploma)가 대부분 라틴어로 쓰여있는 것도 이러한 전통 때문이다. 말하자면 라틴어는 원조 '문명어'(文明語)였다. 물론 라틴어도 처음에는 희랍어에 크게 밀렸다. 로마인들은 일상생활에서조차 그리스어를 주로 썼다고 한다.[96] 로마인들은 과학이나 철학 분야에서 그리스인들이 발견한 '눈에 보이지 않는 세계'를 라틴어로 정확히 표현하는 것에 엄청난 어려움을 겪었다. 라틴어가 학술어 내지 문화어로 성장한 것은 오랜 산고의 고통을 거쳐서였다.[97]

비록 오늘날에는 라틴어가 '죽은 언어'(dead language)로 폄하되기도 하지만, 중세까지만 해도 라틴어는 유럽에서 절대적인 권위를 구가했다.[98] 지식인의 대부분이 성직자였고 그들 중 절대다수가 라틴어를 사용했기 때문이다. 하긴 종교개혁 이전까지만 해도 라틴어로 된 성경만 유일하게 존재했고, 지금도 가톨릭 전례의 공식 성경은 라틴어 버전이다. 비록 중세 시대의 보통 사람들이 라틴어를 일상적으로 '말하지'는 않았지만, 라틴어가 고대의 유산 일체를 담은 학문 언어이자, 고급 언어, 그리고 성스러운 언어였다는 사실은 부인하기 어렵다(베르제, 2024:18-30).

그러다가 중세 말부터 식자들 사이에 라틴어가 아닌 현지어가 유럽 각지에서 성장하기 시작했다. 현지어, 지역어 혹은 자국어는 편리하고 이해하기 쉬울 뿐 아니라 무엇보다 근대국가와 민족주의가 태동하던 시대에 국민적 정체성을 구성하는 요소 가운데 하나였다. 베네딕트 앤더슨(Benedict Anderson)에 따르면 민족주의는 특정한 종류의 '문화적 가공물'이다. 그와 같은 '상상의 공동체'(imagined community)의 기반이 다름 아닌 국어였다(앤더슨, 2018). 봉건제가 무너지고 근대국가가 형성되는 과정에서 유럽 공통의 라틴어 대신 국가별 민족언어가 보통 사람들의 문자생활을 주도하게 된 것이다.[99]

자국어는 다양한 측면에서 '근대학문'(modern scholarship)의 발전에 기여했다(조동일, 1996:54-55). 어떤 의미에서는 그 역할이 라틴어 이상이었다. 17세기 과학혁명을 거치며 라틴어로 논문을 쓰는 전통은 서서히 사라지기 시작했다. 여기서 말하는 근대학문이란 단순히 시기상 '근대의 학문'이라는 뜻이 아니다. 17-19세기 유럽에서 성립된 근대학문은 지식의 조직 및 생산 방식, 그리고 지식의 사회적 역할에 관련하여 과거와 크게 차별화되었다. 합리주의와 경험주의, 지식의 분화 및 전문화, 지식영역과 국가 및 산업부문의 연계 등의 측면에서 전(前)근대 학문과 크게 달랐기 때문이다. 그 이전에는 학문이 라틴어 등을 쓸 수 있는 소수 엘리트의 전유물이었지만, 이제는 보다 많은 사람들이 학문에 접근할 수 있게 되었다. 그 결과 각 나라에서 독자적으로 지식과 이론을 구축할 수 있게 되는 기반이 형성되었다.

인문 분야의 경우 자국어로 학문을 세운다는 것은 나라별로 서로 다른 사유체계가 구축되는 것을 의미했다. 데카르트(René Descartes)는 『방법서설』을 프랑스어로 썼고, 칸트(Immanuel Kant)는 『순수이성비판』과 『실천이성비판』 등을 일관되게 독일어로 집필하면서 학술언어로서의 독일어 위상을 높였다. 특히 헤겔(Georg Wilhelm Friedrich Hegel)은 수많은 철학적 개념어를 독일어로 창출했을 뿐 아니라 독일어 문체 자체를 난해하고도 고차원적인 철학적 사유를 담아낼 수 있도록 발전시켰다. 이른바 '헤겔어'(Hegelsprache)라는 것이다.[100] 그는 마르크스, 아도르노(Theodor W. Adorno), 하버마스(Jürgen Habermas) 등 후대 독일어권 사상가들에게 지대한 영향을 남겼다.

이와 같은 자국 학술어를 바탕으로 서구에서는 새로운 지식계급이 탄생하였고, 그 결과 지식 그 자체가 권력과 명예 및 재부(財富)의 원천이 되는 시대가 열렸다. "박사(博士)는 기사(騎士)와 맞먹는다"(Doctorat vaut chevalerie)는 말도 이 무렵 생겨났다(베르제, 2014:285-286). 그리고 이들은 대학의 명실상부한 주인이 되어, 학문의 발전뿐 아니라 자국의 국력 신장이나 국부 증대를 위해서도 지대한 노력을 했다. 자국어 학문을 통해 지식의 사회적 존재 이유를 한껏 과시한 것이다.

도시의 성장을 배경으로 대학과 학문이 최초로 등장한 것은 15세기 이탈리아였지만, 이때만 해도 학문이 국가적 차원에서 연속성을 갖지 못했다. 곧, 근대학문의 요람으로서 대학이 본격적으로 발전하는 수준까지는 이르지 못한 것이다. 오랫동안 분권적 통치체제를 면치 못하던 이탈리아와는 달리 근대국가 건설을 주도한 영국과 프랑스는 17세기 이후 학문의 제도화 과정을 통해 지적 주도권을 거머쥐었고, 이는 19세기에 이르러 독일과 미국으로 옮겨갔다(Rueschemeyer, 1986:113). 말하자면 근대국가는 대학을 매개로 하여 '지식국가'(knowledge state)로 거듭났다.[101] 그리고 그 바탕에는 학술 자국어의 힘이 있었다.

자국어의 필요성에 관련하여 모든 학문 분야가 대등한 것은 아니다. 자국어로 하는 것이 상대적으로 큰 의미가 없는 학문도 있다. 예컨대 의학계열이나 이공계 분야가 그렇다. 사회과학 안에서도 통계분석에 대한 의존도가 높을수록 언어 차이는 덜 중요하다. 수식모델이나 숫자로 가득한 오늘날 경제학이 이에 해당한다. 국제무대에서 드러나는 한국의 경제학 혹은 이공학 분야의 약진도 부분적으로는 이 때문이다. 이에 반해 "인문·사회과학은 역사적, 사회적 거푸집에서 자란다"(송호근, 2013:95). '형식언어'가 아닌 '자연언어'가 차지하는 의미가 훨씬 크다는 뜻이다. 사회학의 경우 자국 학술어의 중요성은 아무리 강조해도 지나칠 수 없다. 글쓰기를 강조하는 마당에서는 더욱 그러하다. 하지만 유감스럽게도 우리에게는 근대학문에 걸맞는 자국산 근대 학술어는 아직 성숙하지 못했다고 보아야 한다.

2. 한국어로 학문하기

한국인에게 한국어는 모어(母語)이자 모국어이다. 모어란

"사람이 태어나 듣고 자란 언어"를, 모국어란 "자신이 소속된 '국가'의 언어"를 의미한다(노마 히데키, 2011:42-43). 어떤 면에서 모국어, 특히 국어라는 개념은 위험한 것이다. '언어=민족=국가'라는 등식 자체가 하나의 환상일 수 있기 때문이다. 이 세 가지는 "대응되지 않는 것이 보다 깊은 곳에 존재하는 원리로서 디폴트(default), 즉 초기 상태다. 언어는 민족이나 국가가 아닌, 개인에 속한다. 부모와 자식 간에조차 언어는 다를 수 있다"(노마 히데키, 2011:43-45).[102]

한국인에게 한국어는 모국어이면서 '민족어'이기도 하다. 한민족 대부분이 태어날 때부터 한국어를 자연스레 사용하기 때문이다.[103] 문제는 한국어에 대한 민족주의적 자부심이 지나치게 강하다는 사실이다. 누구나 다 아는 것처럼 한민족이 고유한 문자를 갖게 된 것은 세종대왕의 한글 창제 덕분이다. 그 이전, 우리말은 있었지만 우리 글은 없었다. 그래서 한글은 "진정한 민족의 문화"로 예우받고 있다(허웅, 1974). 특히 1894년 갑오개혁 이후 공통 문어(文語), 곧 한문 중심의 중세 문화에서 민족어를 중시하는 근대문화로 이행하는 과정에서 한글은 명실상부한 모국어가 되었다(문사철, 2014:177).

우리 민족이 우리 글을 갖게 되었다는 것 자체는 참으

로 다행스럽기도 하고 자랑스럽기도 하다. 하지만 한글에 대한 과잉 숭배는 언어의 존재 이유를 근본적으로 다시 묻게 만든다. 한글이 과학적이고 조직적이고 체계적인 위대한 언어라는 점은 온 세상이 다 안다. 그러나 한글을 세계 최고 수준의 선진적인 문자라고 인식하는 것이 실제 언어 생활에서 반드시 그에 상응하는 도움을 주는 것은 아니다. 일본의 한글연구가 노마 히테키(野間秀樹)가 지적하는 것처럼, "세계 최고 같은 수식어에 집착하면 사고(思考) 정지 상태에 빠지기 쉽다".[104] 문자 체계는 스포츠도 아니고 상품도 아니다. 순위나 등급을 매기는 것은 비이성적이다. 어떤 문자든 그걸 쓰는 사람에게는 가장 귀한 문자가 될 수 있다. '한글은 과학적'이라는 표현도 좀 애매하다. 널리 쓰이고 있는 문자치고 '비과학적인 문자'는 있을 수 없기 때문이다.

한글이 과학적인 것은 분명한 사실이다. 하지만 그것이 '독창적으로' 과학적인가 하는 것은 다른 차원의 문제다. 국제 문자(文字)학계에서는 그렇게 보지 않는다. 한글을 이른바 '영명하신' 세종대왕 업적으로 보는 것은 세종대왕을 신격화하는 일에 가깝다. 한글은 세계 최초로 음성에서 문자를 만들어낸 '기적의 문자'가 아니다. 한글이 과학적인 것은 당대에 동아시아 지역에 이미 널리 알려져 있던 '조음음성학'(調音音聲學)에 기초했기 때문이다(정광, 2015:24-29). 이는 고대 인도 음성학의 영향을 받은 것으로 이를 바탕으로 티베트 문자가 만들어졌고, 그로부터 원나라에서는 파스파(Phags-pa, 八思巴) 문자가 제정되었으며, 바로 그것이 한글 창제에 영향을 끼쳤다. 조선의 훈민정음은 "아시아를 가로지른 '자음자모 로드'의 종착지"로서, 서방에서 발생한 자음문자=알파벳은 극동에서 '훈민정음'이 탄생함으로써 역사상 유례없는 전면적 단음문자 시스템으로 완성되었다(노마 히데키, 2011:132-134).[105]

세종의 한글 창제 동기가 민족주의와 직접적인 연관이 있다고 보기도 어렵다. 만백성을 지극히 사랑하는 애민(愛民)주의의 발로라고 단언하기도 쉽지 않다. 세종은 그 무렵 조선인의 한자 발음이 중국 베이징 지역의 그것과 너무나 달라 이를 교정하기 위한 '발음기호'로서 한글을 제정했다(정광, 2015:17). 요즘 식으로 말하자면 어리석은 백성들이 'orange'를 '아륀지'라 발음하지 않고 '오렌지'라고 발음하는 것을 문제라고 생각한 것이다. 그래서 제정 당시 한글의 명칭은 '훈민정음'이었다. 백성을 가르치는 '바른 글', 곧 정문(正文)이 아니라 '바른 소리', 곧 정음(正音)이었던 것이다.

훈민정음은 조선조에서도 '국어'나 '국문'의 위상을 누리지 못했다. 세종 스스로 국문 대신 언문(諺文)이라는 말을 사용할 정도였다. 국가 공식 언어가 아니라 '항간에 떠돌며 쓰이는' 상말 혹은 속된 말이라는 뜻이다. 1894년 갑오개혁을 통해 '국한문혼용체'가 도입되고 대한제국기인 1907년, '국문'이라는 말이 처음 등장했으나 식민지화와 더불어 국어의 지위는 일본이, 그리고 국문의 지위는 가나(假名) 글자가 각각 차지하고 말았다. 한글이라는 명칭을 주시경(周時經) 선생이 지었다는 설이 있지만, 정설은 1920-30년대에 들어와 조선어학회를 중심으로 널리 퍼졌다는 것이다. 한글은 지금까지도 우리말의 공식 명칭이 아니다. 그런 만큼 한글이라는 명칭 자체가 '슬픈 이름'이다(정광, 2015:22, 40). 대부분 한글로 부르는 것은 부인할 수 없는 현실이나, 공식적으로 우리말은 '한국어'이다. 참고로 북한에서는 한글을 '조선글'이라 부른다.[106]

언어의 발달이라는 측면에서 한글은 자국어로 크게 발전하지 못했다. 학술어나 개념어로는 특히 그렇다. '언문'이라는 말이 뜻하는 것처럼 한글은 기본적으로 서민들의 생활어였다. 국문으로 시가를 짓고, 소설을 쓰고, 편지나 일기를 쓰는 정도에 그쳤으며, 이치를 따지는 글은 반드시 한문으로 썼다(조동일, 1996:54-55; 허웅, 1974:44). 한글은 한문으로 된 중국의 농서(農書)나 의서(醫書)를 직역함으로써 일상생활에서의 이용 가치를 높이는 언해용으로 즐겨 사용되었다. 『의방유취(醫方類聚)』와 『농사직설(農事直設)』이 대표적이다. 『삼강행실도(三綱行實圖)』 언해본처럼 만백성을 충신, 효자, 열녀로 만드는데 한글이 기여하기도 했다. "어리석은 백성을 위해 발명한 문자가 오히려 그 백성을 고급 정보로부터 차단해 버리고 체제에 순응하게 만드는 도구로 쓰여 버렸다"고 해도 과언이 아니다(박종인, 2019:302).[107]

한글은 지식의 생산이나 유통과는 대체로 무관한 것이었다. 한글은 "학문에 손해되는 글자"로서, 소위 '우리말로 학문하기'의 전통은 처음부터 존재하지 않았다(김영환, 2008:242). 사정이 이렇게 된 가장 으뜸 요인은 완고한 한자 숭배 사상이다. 서양이 근대적 이행 과정에서 지역어 혹은 현지어가 국어라는 이름으로 라틴어를 대체해 왔던 것과는 대조적으로, 우리의 문자생활은 여전히 한자 중심이었다. 한글을 학술어로 발전시키려는 노력이 없었다는 점에서, 프랑스어나 영어, 독일어, 스페인어 등이 라틴어로부터 독립하면서 학술어의 지위를 확보하기 시작한 것과 사뭇 대조적이다. 갑오경장 때까지 우리나라에서는 학문은 한자로, 생활은 한글로 했다. 요컨대 한글을 고급 언어를 만들기 위한 국가사회적 차원의 노력은 없었다고 보아야 한다.

한자 숭배에 대한 반동으로 등장한 것이 이른바 한글전용론이다. 비록 공용문서를 대상으로 한 것이기는 했지만 1948년 10월, 한글전용이 법제화되었다. 1446년 한글이 탄생한 지 502년 만의 일이고 1894년 갑오개혁을 통해 국한문혼용체가 도입된 지 54년 만의 일이었다. '국문을 국어로 정(定)함에 관한 법률', 곧 '한글전용에 관한 법률'은 식민지 시대의 일본어 청산이나 한문 숭배의 극복과 같은 거창한 이유보다는, 건국 직후 70-80%에 달하던 문맹률을 낮추는 시급한 과제와 긴밀히 연관되어 있었다. 사실 당시 이승만 대통령은 완전한 한자 폐지에는 소극적이었던 것으로 알려져 있다.[108] 개인적으로 그는 한글만으로는 고급 전문지식의 전달이 어렵다고 보았다.

한자를 배척하는 한글전용론은 학술어로서의 한글을 더욱더 빈곤하게 만든 측면이 있다. 무엇보다 한자를 중국의 고유문자로 인식하는 것부터가 역사적 오류이자 착각이다. "한자는 단지 중국인만의 표현 도구가 아니다. 근대 이전에는 중국뿐만 아니라 한국, 대만, 일본, 더 나아가 인도차이나 북동부에 이르기까지 지배적 문자체계로 자리했다…한자 역시 우리의 중요한 문화자산이다"(하영삼, 2011:13-15). 한글 창제 이후에도 공식기록은 한자가 담당했기에 1948년 한글 전용정책이 발표되기 전까지 우리나라의 주도적 문자 체계는 당연히 한자 중심이었다. 엄밀히 말해 한자는 중국어가 아니라 동북아 일대의 세계어 내지 국제어였다.

한자는 외국어가 아니라 싫든 좋든 우리 말의 소중한 일부다. 그런 만큼 한문에 대한 적대적 인식에서 벗어날 필요가 있다. 훈민정음 창제에 반대했던 최만리(崔萬理)류의 '한자·한문 원리주의'를 친중 사대주의로 총괄해 버리는 것은 너무나 성급한 생각이다(노마 히데키, 2011:245-246).[109] 무엇보다 한자 배척은 우리 글의 학술어 발전 가능성을 방해하는 결과를 초래할 위험이 적지 않다. 현재 우리가 사용하는 한국어는 고유어(순수 우리말), 한자어, 외래어 등으로 구성되어 있다. 그런데 한국어 단어 가운데 60-70%는 한자어이다. 일반 어휘를 따져보면 그렇다는 것이어서, 한자어의 비중이 학술어의 경우는 더 높아지고 일상 회화에서는 낮아진다. 국립국어원 「표준국어대사전」에 실린

51만 개 정도의 표제어를 국어학자들이 간접 추산해 본 결과, 한자어 계통은 60% 정도였다.

한자는 하나하나가 뜻이 있는 표의(表意)문자이기 때문에 문해력 향상에 크게 기여한다. 표의문자는 발음과 상관없이 의미를 추측하는 데 유리할 뿐 아니라 동음이의어(同音異義語)의 구분도 가능해진다. 한자를 모르면 일상적 소통이 어려워지기도 하지만[110] 학문을 연구하는 단계에서는 애로가 배가되기 십상이다. 물론 전문적 학술용어를 한글로 억지로 바꿀 수는 있다. 하지만 이에 소요되는 사회적 비용도 문제이거니와 한글만으로는 학술용어 특유의 함축미를 살릴 수 없어, 한글이 고급 학술적 언어로 발전하기란 결코 쉽지 않다.

이와 관련하여 정치학자이자 '한글 사회과학 운동가'인 김영명은 근본적으로는 학술어라는 것이 따로 존재하지 않는 세상을 꿈꾼다. 학술용어와 일상의 언어는 될 수 있는 한 가까워져야 한다는 논리다(김영명, 2006:68). 학자들이 기술적인 전문용어를 외국어로 쓰는 것도 문제지만, "외국어를 곁들여 쓸데없이 '멋있게' 쓰려고 하는 경우는 더 큰 문제라는 주장이다. 그는 '우리 문제를 우리 눈으로 연구하는 것'과 '우리 말글로 학문하기'는 서로 뗄 수 없는 관계라고 말한다(김영명, 2006:55). 하지만 이는 처음부터 한자는 우리 것이 아니라는 전제를 깔고 있다. 한글 창제 이전은 물론이고 그 이후까지도 한국인이 수천 년 동안 사용했던 바로 그 언어를 남의 나라 글자로 배척하고 있는 것이다.

그렇다고 해서 한자에 대한 의존도를 계속 유지하거나 더 높이자는 주장은 아니다. 본시 한자는 이른바 '근대학문'에 적합한 언어가 아니다. 17-8세기경 서양에서 발원한 '과학적' 학문은 합리주의와 실증주의에 기반한 것이다. 그 무렵 형성된 유럽의 자국어들은 그 바탕 위에 학술어로 정비되었다. 이에 반해 한문에 기반한 동양의 전통적 학문은 온 세상의 진리를 직관적으로 혹은 일의관지(一以貫之)식으로 말하려는 경향이 있다. 한자문화권 학자들은 지식의 창발을 추구하기보다는, 옛 지식을 배우고 익히고 전하는 것을 학문의 본질로 생각했다. "전하기만 하고 지어서는 안 된다는" 이른바 '술이부작'(述而不作)의 정신이다. 이는 학문이 종교나 권력 등 학문 외적 요소로부터 분화하지 못한 탓이다. 그런 만큼 학문의 자율성이 존재하지 않았다. 이에 반해 서양에서 말하는 과학이란 지식을 과(科)별로 세분하여 전문지식을 쌓는 학문이다.[111] 요컨대 한자문화 자체는 근대학문의 합리적 과학정신과는 거리가 멀

다.[112]

　한글로 얼마든지 좋은 문장을 만들어낼 수 있다. 한글로 쓰인 문학작품이 마침내 노벨문학상을 받기까지 할 정도가 되었다. 한글이 세계인이 배우고 싶어하는 언어가 되었다는 뉴스도 심심찮게 들린다.[113] 그럼에도 한글이 학술어로서 갈 길은 여전히 멀어 보인다. 그것은 한글의 내재적 약점이라기보다 한글을 학문세계에서 경쟁력 있는 언어로 만들고자 하는 의지와 노력이 역사적으로 부족했기 때문이다. 우리에게는 지식이 폭발적으로 성장했던 계몽주의 시대도, 빅토리아 시대도, 메이지 시대도 없었다. 데카르트 같은, 칸트 같은, 헤겔 같은 자국어 배경의 대학자(大學者)도 있어 본 적도 없다.

　'우리말로 학문하기'를 위해 노력하는 취지에 공감하지 않는 것이 아니다(최봉영, 2011, 날갯짓). 이른바 '우학모'의 취지가 한글전용이라기보다 우리말로 학문하기를 위해 부단히 애쓰자는 것이라면 특히 그렇다. 우리말로 쉽게 하는 사회학이 언젠가 우리 사회학이 가야 할 길이라는 주장에도 동감한다(이성용, 1999:256-257, 264). 하지만 그렇게 하기 위해서는 무엇보다 한자나 한글 가릴 것 없이 일단 한국어 전체의 파이 및 파워부터 키워야 한다. 정확히 말하자면 지금 우리에게 필요한 것은 한자가 아니라 한자어(漢字語)이다. 한자어를 한글로 쓴다고 해서 '진짜 한글'인 것도 아니다. '學校'를 '학교'로 쓰고 우리말이라 주장한다면 이는 '눈 감고 아웅'하는 격이다. 한글전용과 한자병기를 놓고 벌이는 논쟁은 소모적일 따름이다.[114]

'사피어-워프'(Sapir-Whorf) 혹은 '언어 상대성'(linguistic relativity) 가설에 따르면 언어는 사고를 결정하거나 최소한 영향은 준다. 언어의 구조나 범주, 어휘가 사고방식과 세계 인식을 규정하는 경향이 있다는 언어인류학적 주장이다. 가장 고전적인 예는 눈(雪)을 가리키는 단어가 풍부한 에스키모인들이 눈을 더 세밀하게 구분할 줄 안다는 사실이다(Sapir, 1921 볼 것). 어휘력이 부족하면 아이디어와 개념으로 승부를 펼치는 학문 세계에서 제대로 힘을 쓸 수가 없다. 어휘력이 곧 표현력이기 때문이다. 한글과 한자는 제로섬 관계가 아니다. 한자의 뛰어난 조어력(造語力)을 최대한 활용할 필요가 있다. 한자를 쓴다고 한글이 위축되는 것 또한 아니다.[115]

3. 한국사회학과 언어자본

　그렇다면 사회학적 글쓰기에 있어서 어떤 언어를 사용할 것인가? 어떤 언어가 한국사회학의 발전에 가장 도움을 줄까? 이에 대해 당연히 한국어 혹은 한글이라고 말하겠지만 실은 그리 간단한 문제가 아니다. 학계 전반 혹은 사회학계 내부에서 이를 둘러싼 논쟁이 활발한 것도 이 때문이다. 한편으로 이는 우리나라에서는 사회학을 포함한 근대 학문 자체가 우리말을 바탕으로 하여 자생적으로 성립되지 않았기 때문이다. 다시 말해 한국어가 학술어로 발전하지 못한 데 따라 치러야 하는 필연적 대가다. 다른 한편으로는 오늘날의 학문 세계에 '글로벌 스탠더드'가 존재한다는 엄연한 현실 탓이다. 사실과 진실을 추구하는 지식의 무대는 본질적으로 국경을 뛰어넘는다. 그런 만큼 한국사회학은 언어 선택의 문제를 숙명적으로 부담할 수밖에 없다.

　사회학자 조한혜정은 '우리 학문의 비주체성 혹은 식민지성'을 지적하면서 우리나라를 "자신의 문제를 풀어갈 언어를 가지지 못한 사회, 자신의 사회를 보는 이론을 자생적으로 만들어 가지 못하는 사회"로 진단한다(조한혜정,

1992:22). 요컨대 '우리' 학문도 없고 이에 상응하는 '우리' 언어도 없다는 의미다. 철학자 김영민은 우리나라 제도권 학계를 '식민지적 글쓰기' 집단으로 비판한다. 특히 영어를 미국학계와 소통하는 일종의 "미군기지 영내 출입증"에 비유하면서 "기지촌 지식인들의 특권의식은 우선 어학 실력에서부터 출발한다"고 주장한다. "단언하건대 줏대를 세우기 전에는 (학문의) 세계화란 어불성설일 뿐"이라는 게 그의 결론이다(김영민, 1996:64-65, 97, 109).

사회학자 김진균은 "세계화 시대 한국학 본거지 구축을 위한 한 가지 기준으로서 '국어' 사용"을 강조한다(김진균, 1997:91-106). 세계화와 더불어 진행되는 영어의 범람과 IT 통신 기술의 발달이 국어의 위기를 초래하고 있으며, 사회학 분야도 예외가 아니라는 것이다. 특히 미국의 지식과 학문이 자리 잡고 그것을 전달하는 수단으로 번역이 강행되면서 국어 문장은 급격히 영어 문장의 어투로 바뀌었다고 생각한다. 문자가 표상하는 언어에 내포되어 있는 역사성이나 사회성을 배제함으로써, "번역된 문장에서 강제하는 바깥 문물 정서"가 국어를 망치고 있다는 진단이다.

사실 외국어, 특히 영어의 문제는 사회학자를 포함한 국내 학계 전체가 마주한 어렵고도 예민한 숙제다. 사회학자

김종영에 의하면 한국의 미국 유학파 지식인은 '지배받는 지배자' 혹은 '트랜스내셔널 미들맨 지식인'(transnational middleman intellectuals)이다(김종영, 2015:23-43). 지식인의 글로벌 계층구조에서 그들이 미국 대학의 지식인들보다는 열등한 위치를 점하지만, 한국의 국내 학위자들보다는 우월한 위치를 점한다는 이유에서다. 이들은 "'트랜스내셔널 이방인 엘리트'로서 전문가적 성공을 거두지만, 백인 중심의 인종적 질서와 영어 중심의 언어적 질서에서 소외감을 느끼는" 존재다. 그가 볼 때 한국 연구자들에게 영어는 '권력어'(權力語)이자 취업이나 승진에 필요불가결한 '문화자본'이다. 인정받는 학술지는 주로 영어로 출판되며, 상위권 대학일수록 영어에 능숙하고 영어 논문을 작성할 수 있는 박사를 선호하기 때문이다.

이에 대한 반론도 만만하지 않다. 대표적으로 사회학자 김경만은 이른바 토착적 이론, 한국적 이론, 탈식민지 이론은 만들어진 관념에 불과하다고 생각한다(김경만, 2015:12). 그것의 허구성은 경험적으로 이미 증명되었다는 것이 그의 주장인데, 우선 한국적 이론의 '가능성'만 계속 반복할 뿐 실제로 나온 것은 아직 없는 데다가 유학생의 지속적 증가 현상이 보여주는 것처럼 학문의 종속성은 오히려 심화되고 있다는 것이다. 나아가 언필칭 한국적 토착 이론이 필요하다고 말하지만, 한국이라는 특수한 상황을 설명하는데 고도로 추상적인 이론이 왜 필요한가라고 반문한다(김경만, 2015:107).

김경만은 (서구)학계에 나름의 상징공간이 구축되어 있다는 사실을 강조한다. 곧, 저명학자, 저명학회와 학술지, 저명 출판사 등을 중심으로 하는 상징자본(symbolic capital)과 상징권력(symbolic power)이 싫든 좋든 현실적으로 군림하고 있다는 것이다. 그들이 만든 상징공간, 곧 학술 경기장에는 '당연히' 준수해야 할 규칙이 존재하고, 이 규칙은 경기 진행 방식뿐 아니라 경기 도구의 규정, 선수의 자격, 제재 사항 및 벌칙 등을 포함한다. 물론 이 상징공간은 서구 학자들이 만들어 놓은 것이고 유감스럽게도 '우리의 언어' 곧 한글은 경기에 사용되는 국제 '공인구'(公認球)가 아니다. 세계적 수준의 이론을 스스로 만들어 내지 못한 우리는 그와 같은 '상징폭력'을 당해야 하는 위치에 있으며 이를 극복하기 위해서는 그들의 언어로 글로벌 지식장에 적극적으로 참여하고 투쟁하는 방법 이외는 없다는 것이 그의 결론이다(김경만, 2015:127-129).

김경만이 볼 때 한국 사회과학의 비생산성과 후진성은

글로벌 지식장에 적극적으로 참여하고 투쟁하고, 거기서 독창성을 인정받고, 상징이익의 기회구조를 '변형'하려는 노력 자체의 부재에서 말미암은 것이다(김경만, 2015:129). 서구학자들이 '처음부터 먹고 들어가는 게' 있을지 모르지만, 그들 역시 '그저 먹은' 것은 결코 아니라는 주장이다(김경만, 2015:72-73). 그들은 학위 취득, 저술, 학회 활동 등 상당한 '진입비용'을 치른 다음 상징공간에 들어온 사람들로서, 이른바 '학자적 아비투스'(scholastic habitus)를 내재화한 사람들이다(김경만, 2015:120-122). 미국이나 유럽 중심의 현실 학문 세계에서 학자들이 가장 중요시하는 것은 '동료 학자들의 인정'이며, 언젠가 우리가 그런 인정을 받을 때까지는 결코 감정이나 자존심으로 대처할 사안이 아니라는 것이 김경만의 주장이다.[116]

재독(在獨) 사회학자 김덕영도 비슷한 생각이다. 그는 사회학 이론의 토착화 필요성을 부정하지 않는다. 그것이 사회학자로서 자신의 궁극적인 목표라고 말할 정도다. 하지만 서구학계 이론을 현재 열심히 공부하는 자신 같은 학자를 일부 국내파 학자들이 '지적 사대주의자'로 규정하는 것에는 강한 불쾌감을 드러낸다. 오히려 그는 지적 사대주의야말로 진정 "우리의 이론을 가질 수 있는 지름길이요

왕도"라 반박한다(김덕영, 2007:22). 그에 볼 때 '지식 수입상' '식민주의자' '문화제국주의자'로 진짜 비판받아야 할 사람은 자신이 아니라 "너무나 하찮은" 외국산 지식을 아무런 문제의식 없이 대학에서 판매하는 구미(歐美) 대학, 특히 미국 대학 박사학위 소지자들이다(김덕영, 2007:14).

김덕영이 볼 때 이들이야말로 유학 시절에는 한국에 대한 논문을 쓰고, 한국에 돌아와서는 그쪽의 이론을 강의하는 "자가당착적" 학자들이다(김덕영, 2007:15). 그는 기왕 서구 이론을 수입하려면 "자잘한 것을 훔치는 좀도둑보다는 차라리 천하, 즉 근대적 사회과학의 인식 틀 전체를 훔치는 도둑이 낫지 않을까?"라고 항변한다. 그가 볼 때 서구 이론 자체가 한국사회의 문제를 해결하는 데 도움을 주는 것은 아니다. 어디까지나 우리의 문제는 이론의 토착화를 통해 우리가 해결할 수밖에 없다고 본다. 대신 그는 서구 사회과학계 거장들의 진정한 가치는 "문제를 해결해 주는 데에서가 아니라 문제를 제기해 주는 데" 있다고 주장한다(김덕영, 2007:17). 그런 만큼 서구 학문과의 섣부른 결별은 우리 학문의 발전에 도움을 주지 못하며, 이런 점에서 서구 이론의 원산지 원어에 능통해지는 것이야말로 지식인으로서 가져야 할 최소한의 '지적 성실성'의 문제라고 말한다.

이와 같은 공방에 대해 어느 쪽의 손을 들어줄지는 적잖은 고민이 필요하다. 둘 다 일리가 있기 때문이다. 다만 이를 획일적으로 판단하는 대신 보다 실용적인 관점에서 선택의 문제로 접근하는 것이 좋을 듯하다. 가령 언어의 비중이 상대적으로 높지 않은 계량적 연구의 경우, 영어를 비롯한 외국어 논문은 한국사회학의 민족적 자존심 여하와 별 상관이 없을 것이다. 또한 한국사회학은 국제적으로 '한국학'의 성격을 갖고 있는 바, 그런 용도로는 영어 논문이 한국어 논문보다 효과적일 것이다. 한국사회에 관련된 토착적인 주제를 다루면서 현장성이 중요하게 부각할 경우, 연구 성과를 담는 말 그릇으로서는 한국어가 외국어보다 유리한 측면이 많을 것이다.[117]

글쓰기의 관점에서 볼 때 한국사회학에게 가장 시급한 것은 거듭 말하지만 언어의 파이를 늘이고 파워를 키우는 일이다. 부르디외에 의하면 사람들은 '언어자본'(linguistic capital)의 측면에서 서로 불평등하다. 언어자본은 문화자본 내지 상징자본의 일부로서, 가령 표준어 사용 여하나 외국어 구사 능력, 권위 있는 표현 스타일 등은 사회구조 안에서 권력관계를 반영하고 재생산하는 자본의 한 형태라 볼 수 있다(부르디외, 2020:37-73). 이러한 식의 언어자본 개념은 학자 개인의 차원을 넘어 학계라고 하는 집단적 수준에서도 적용 가능할 것이다. 말하자면 한국사회학의 총체적 언어자본이 곧 한국사회학의 수준이자 학문적 경쟁력이라는 의미다. 자국산 고급 학술어의 발전과 국제 공인 외국어 사용 능력의 증대는 한국사회학이 어차피 함께 가야만 하는 길이다.

'한글 사회학'이냐 '영어 사회학'이냐 하는 이분법적 논쟁은 한국사회학의 발전을 위해 별로 도움이 되지 않을 듯싶다. 외국어이든, 한국어이든 상관없이 한국사회학의 급선무는 어휘의 총량을 늘이고 표현을 다양화, 고급화하려는 언어자본의 절대 증가 및 고급화다. 이럴 때 소설가 복거일이 제안하는 '영어 공용화론'이 일차적 대안이 되기는 어렵다. 사람들이 지닌 언어능력은 특정한 언어에 매인 것이 아니어서 한국인이 반드시 한국어만 사용해야 할 당위는 없다는 그의 취지는 이해한다(복거일, 1998:174). 하지만 한국사회학을 담아내는 기본적 언어 용기(容器)는 여전히 한글이어야 한다. 한국사회학의 존재 이유 가운데 하나는 한국의 일반 대중과의 소통이라는 점도 중요하게 감안할 필요가 있다. 영어로 하는 한국사회학은 학술 세계에서 그 자체로 인정받고 평가되면 그만이지 않을까? 다시 강조하거니와 결국은 '한글 자강론'이다. 그리고 사회학이 그러한 노력에 앞장서자는 주장이다.

사실 오늘날은 언어의 장벽 자체가 점차 허물어지는 시대다. 언어 선택의 문제는 인공지능(AI)의 급속한 발달이 조만간 해결사 역할을 할지 모른다. 다만 한국사회학의 언어자본과 관련하여 '번역'의 이슈는 차제에 한 번쯤 진지하게 논의될 필요가 있다고 본다. 현재 우리가 하는 학문의 대부분은 수입품이다. 사회학도 예외가 아니다. 사실 한국 사회학의 번역 의존은 한국사회학의 출발이나 다름없다. 대다수 다른 근대학문과 마찬가지로 사회학의 원산지는 서구이기 때문이다. 한국사회학계는 영미권 중심의 사회학 국제 교환 체계에서 주변부에 속한다(김봉석, 2016:17). 적어도 지금까지는 말이다. 앞으로도 당분간은 사정이 크게 바뀌지 않을 전망이다. 사실 이른바 '한국 사회학'의 발전도 주류 '서구 사회학'에 근접하는 일이지 그것과 완전히 종(種)이 다른 한국적 학문의 등장을 의미하기는 어렵다.

번역은 결코 쉽고 편한 일이 아니다. '번역학'(translation studies)이라는 학문도 있고 사회학 안에서도 '번역사회학'(sociology of translation)이라는 연구 분야가 따로 있을 정도다. 번역하는 언어와 번역되는 언어가 서로 완벽히 대응하여 대등한 지위를 갖고 있는 경우란 거의 없다. 번역은 단순히 단어나 텍스트를 옮기는 것이 아니라 문화를 옮기는 것이며, 그런 만큼 그 속에는 권력관계와 이데올로기가 작동할 수밖에 없다. 번역은 한편으로는 '문명화'를 의미하나 다른 한편으로는 '식민화'를 뜻한다(이상길, 2011:236-237). 또한 번역은 정체성의 혼란과 왜곡을 초래하기도 한다. 곧, 타자를 전제로 자신의 정체성을 형성하는 과정으로서, 예컨대 비서구지역의 경우에는 자신의 사회를 '과거'로, 서구사회를 자신의 '미래'로 인지하게 만들 가능성이 높다(채오병, 2011:57-59).

좋은 번역은 어렵고도 힘들다. '단어 대(對) 단어'(word-for-word)를 의미하는 직역(直譯, metaphrase)이 옳은지, 아니면 '의미 대 의미'(sense-for-sense)를 뜻하는 의역(意譯, paraphrase)이 옳은지, 혹은 번역가에게 보다 많은 재량권을 부여하는 모작(模作, imitation)이 나은지를 놓고 번역계 내부에서 의견이 갈리는 것은 이런 연유다. 하지만 1990년대 이른바 번역학의 '문화적 전환'(cultural turn) 이후 언어 중심의 번역 대신 문화 중심의 번역이 대세로 자리잡고 있다(김봉석, 2016:3-4, 10). 일본은 이런 면에서 '번역 선진국'이었다. 일본의 근대화기 계몽사상가이자 번역가인 후쿠자와 유키치(福澤諭吉)는 "번역문을 읽으면서 원문을 보고 싶은 생각이 들면 일단 그 번역은 실패한 것"이라 말했다고 한다(김욱동, 2011:214-215, 221).[118]

일본은 그리스어나 라틴어에 기원을 둔 서양 말을 자국어로 옮기는 것을 단순한 지적 행위로만 보지 않았다. 대신 국가의 근대화 과정 전체와 연계하여 번역 문제에 대해 매우 진지한 자세로 접근했다.[119] 일본이 매우 짧은 기간에 거의 모든 영역에 걸쳐 고도로 세련된 번역을 하게 된 배경에는 우선 도쿠가와 막부(德川 幕府) 시대의 역사적 경험과 언어학적 수단 및 지적 능력이 있었다. 나가사키(長崎) 문호 개방을 통한 '란가쿠'(蘭學, 네덜란드어를 통한 서양의 문물 연구) 연구가 일차적인 자산이었다. 에도 말기 '란카쿠'는 '에이가쿠'(英學, 영어를 통한 서양 문물 연구)에 자리를 넘겨주었다. 그 무렵 일본이 번역한 개념들은 일본의 전통주의와 새로운 근대주의 관점을 조화시키는 데 심혈을 기울인 지적 결실이었다(최경옥, 2005:77-79).

일본의 근대화는 서구의 관념을 일본의 관념으로 변환시키고 내재화하는 과정이라 해도 과언이 아니다. 그런 만큼 번역이라는 작업에 있어서 단어 하나하나가 문화의 충

돌이자 문명의 이양이었다.[120] 서양의 개념을 수용한 다음 이를 자국어로 번역하는 '언어의 재창조 작업'이었던 셈이다(신상목, 2017:165). 그리고 이를 통해 일본의 국가 정체성을 재구축했다. 요컨대 서양 학문을 일본어로 번역한 통역사들과 요가쿠샤들은 "근대 일본을 건설한 첨병 역할을 수행"한 것이다(스기모토 쓰토무, 1997:248-249, 254, 257-261). 또한 서양 언어의 번역 과정에서 일본어의 서자방향(書字方向)도 세로에서 가로로 달라졌다. 종서(縱書, vertical writing) 중심의 한자 문화 대신, 오늘날 세계적으로 보편화된 유럽어식 횡서(橫書, horizontal writing) 문화가 시작된 것이다.

무릇 '우리 학문'의 생성이 가능하려면 이처럼 외국말 전문용어를 우리말 전문용어로 바꾸는 과정이 필수적이다. 조선조가 망하고 일제 식민지가 들어서면서 우리말이나 우리 글로 된 근대학문의 발전은 애당초 기대하기 어려웠다. 특히 근대화 과정에서 서양의 학술용어를 자국어로 대체하려는 주체적 노력이 크게 부족했다. 그 결과, 근대적 개념어의 대부분은 일본의 번역물이다. 일본이 번역을 대신해 주었다는 어두운 역사 인식 탓인지, 우리나라에서는 근대적 개념어가 탄생하고 수용되고 정착하는 과정에 대한 관심 자체가 적은 편이다(지비원 "옮긴이 서문", 야마모토 다카미쓰, 2023:9). 번역 자체가 학계의 관심사 바깥으로 밀려난 것이다.

문제는 우리 스스로가 근대 학술어를 생산하지 못한 상황에서 이른바 일본식 번역어에 대한 민족주의적 거부감이 거세고 거칠다는 사실이다. 일본식 개념어는 대부분 새로 '만들어진' 말이다. '정치', '경제', '사회', '문화'와 같은 단어부터 그렇다. 그리고 이들은 1880년대 말 이래 사실상 "완전히 한국화한 역사"를 가지고 있다고 해도 과언이 아니다(지비원, 2021:109). 우리말로 못 바꾸는, "어쩔 수 없는 말이 정말 많다"(지비원, 2021:117). 그럼에도 우리는 번역어가 일본에서 왔다는 이유로 곧잘 비판한다. 이미 우리말 속에 녹아들어 나름의 역할을 하는 일본식 번역어를, 가령 영어나 프랑스어 혹은 중국어에서 온 말처럼 외래어의 일부로 보는 열린 자세가 필요하지 않을까?(이한섭, 2014:21).

일본식 번역에 대해서는 이중잣대까지 존재한다. "똑같은 일본 출신 말인데 왜 어떤 말은 배제하고 어떤 말은 한국어의 울타리 안에 포함시키는가?"라는 비판은 이래서 나온다(지비원, 2021:112). 예컨대 야구 용어 'hit'는 '안타'(安打)라고 번역되었는데, 이를 일본식이라 거부하는 경우는

거의 없다. Romantic의 일본식 번역 '낭만'(浪漫)도 마찬가
지다.

　번역 혹은 번역어 문제는 우리말 학문하기에 있어서 보
다 깊이 고민할 대상이다. 일본으로부터 번역어를 수입할
수밖에 없었던 지난 과거를 놓고 언제까지나 민족주의적
감정으로 대응할 수는 없는 노릇이다. 한국어가 섬세한 지
적 작업을 감당하기 어려운 만큼 번역과 번역투를 통해 우
리 언어가 궁핍에서 풍요로 갈 수 있다는 긍정적인 측면도
없지 않다(복거일, 1998:124). 세계 굴지의 강대국으로 성장
하고 학문의 수준 또한 비약적인 발전을 이룩한 마당에 이
제는 수준 높은 번역의 세계를 지향할 필요가 있다. 지난
날의 번역 과정이 급하고 임시방편으로 진행된 측면이 많
아서 더욱 그렇다. 지금이라도 번역을 '차분히 또 정확하
게' 하려고 애써야 한다.[121] 한국사회학의 언어자본 자강을
위해서라면 "좀 더 자유롭게, 그러나 정확하게" 번역하는
풍토, 이른바 "언어 내 번역"도 차제에 적극적으로 수용되
고 권장되었으면 한다(지비원, 2021:95).

V 사회학적 글쓰기를 위하여

1. 사회학의 대중성·현장성 강화

  사회학을 배경으로 하여 쓸 수 있는 글은 종류가 다양하다. 사회학 전공 학자들의 경우 주로 학술논문을 쓸 것이다. 그렇다고 해서 그들이 논문만 쓸 수 있고, 논문만 써야만 하는 것은 아니다. 단행본 형태의 글쓰기도 당연히 필요하고 가능하다. 소설이나 수필 등의 문학 영역이나 칼럼과 같은 저널리즘 영역에도 얼마든지 진출할 수 있다. 사회학적 글쓰기를 사회학자나 사회학 전공자들이 독점할 이유도 없다. 준비만 된다면 일반인들이나 사회학 비전공자들에게도 사회학적 글쓰기의 문은 열려있다고 보아야 한다.

그 누구든, 어떤 매체이든, 사회학이 글쓰기를 통해 자신의 존재 이유를 드러내고 강점을 발휘하기 위해서 필요한 것 가운데 하나는 사회학의 대중성과 현장성을 강화하는 일이다. 여기서 말하는 사회학의 대중화나 현장화는 다음 두 가지 차원에서다. 첫째는 사회학적 글쓰기가 삶의 일선이나 생활세계에 초점을 맞출 필요가 있다는 주문이고, 둘째는 사회학이 대중에게 가까이 가기 위해서는 사회학의 토착화를 심각히 고민해야 한다는 제안이다. 이른바 '책상머리 학자'(armchair scholar)로는 좋은 글을 쓰기 어렵다는 말이다. 좋은 사회학자가 되기 위해서는 '날 것'의 소재를 적극 찾아다녀야 한다.

사회학에 생동감을 불어 넣자는 말은 이론에 대한 학문 세계 특유의 강박감이나 중압감에서 벗어나자는 취지를 포함한다. 희랍어에서 '이론'(theory)과 '무대'(theatre)는 어원이 비슷하다. 둘 다 '보다'(to see)의 의미인데, theory의 'theaomai'는 '지켜보며 이해하려는 행위'를, theatre의 'thearon'은 '그러한 행위를 하는 장소나 공간'을 각각 의미한다고 한다. 곧, 생활 현장에서 이론이 나온다는 뜻으로 둘은 서로 분리될 수 없다는 뜻이다(니스벳, 1976:12). 이는 콜린스가 말하는 '상황의 사회학'(sociology of situation) 개념에 필적한다(콜린스, 2009:34-35). '상황'은 사회가 실제로 일어나는 현장으로서, 행위는 언제나 미시적이고, 구조란 미시적 행위가 거시적으로 엮인 결과라는 것이다.

1972년에 초판이 나와 2020년 현재 14판째를 기록하고 있는 미국의 인기 사회학 개론서 『Down-to-Earth Sociology』는 사회학을 보다 재미있게 만들어, 보다 많은 사람을 즐겁게 하자는 목적을 표방한다. 얼마 전에 이 책은 고등학교 학생을 대상으로 하는 개론서까지 냈다. 우리말로 『생활 속의 사회학』으로 번역된 이 책은[122] 일상적 활동이나 상황 속에서 벌어지는 사회적 상호작용에 인간의 목소리를 얹는 것이야말로 사회학의 본업이라 주장한다. "사회학에는 우리들의 익숙한 세상을 향해 새로운 관념의 창을 여는 경이로운 힘이 존재할 뿐 아니라 우리들의 삶 가운데 사회학이 터치하지 못할 영역은 결코 존재하지 않는다"고 믿기 때문이다(Henslin, 1999:xv-xvi).

일본의 세계적인 인기 작가 무라카미 하루키(村上春樹, 2016:136-137)는 "자기 주위에서 자연스럽게 일어나는 일이나 매일매일 눈에 들어오는 광경, 일상생활에서 만나는 사람들을 소재로서 자신 안에 받아들이고 상상력을 구사하여 그런 소재를 바탕으로 자신의 스토리를 꾸며나가면 됩니다"라는 말을 한 적이 있다. "'소설을 쓰기 위해 필요한 소재가 나에게는 없다'고 생각하는 사람도…약간의 시점만 바꾸면, 발상을 전환하면, 소재는 당신 주위에 그야말로 얼마든지 굴러다닌다"는 것이다. 그는 어니스트 헤밍웨이(Ernest Hemingway)를 "소재에서 힘을 얻어 스토리를 써 나가는 유형의 작가"로 구분하면서, 종군(從軍) 체험과 같은 '묵직한 소재'가 사라진 헤밍웨이의 후기 작품을 초기 작품들과 비교하여 상대적으로 낮게 평가하기도 한다. 아무리 '경량급 소재'라고 해도 "조합 방식의 매직만 깨친다면 그야말로 얼마든지 스토리를 만들어 갈 수 있다"는 것이 무라카미 하루키의 신념이다.

디지털 시대 미국사회의 일상생활을 해부하는 것으로 유명한 사회학자 게리 맑스(Gary T. Marx)는 오늘날 기성(旣成)·전업(專業) 사회학자가 사회학을 공부하는 학생들에게 보여주는 이미지는 "과도하게 소심하고, 깨끗이 소독되고 청소되어 있는 공손한 학자풍"이라고 비판한다(게리 맑스, 1997:103). 그가 생각하기에 이런 태도로는 그들이 나중에 사회에서 직면할 세상을 제대로 알아내기 어렵다. 비록 자전거에 대한 이론이나 역사에 대한 지식은 풍부하고 유명 사이클링 선수 이름은 잘 알지 모르지만, 정작 본인은 자전거를 잘 타지는 못하는 것처럼 말이다. 그가 강조하는 것은 사회학의 현장 친화성이다. 사회학적 글쓰기는 살아가는 삶의 의미를 확인시켜 줄 뿐 아니라 궁극적으로는 사회학적 글쓰기 행위 자체를 즐겁게 만든다는 것이 그의 주장이다. 생각해 보면 이 세상에 '심각한' 사회학자는 많아도 '즐거운' 사회학자는 드물다.

이와 관련하여 마르크스는 미래의 사회학자들을 위한 37가지 강령을 제시한다(맑스, 1997). 그 가운데 몇 가지 흥미로운 것을 소개하면 다음과 같다. 자신의 의견을 분명히 말하고 열정을 지니라는 것, 언어의 미학적 및 유희적 측면을 간파하라는 것, 장소와 시간, 주제를 불문하고 글쓰기에 몰입하라는 것, 전공 분야에 구애받지 말고 주어진 문제에 초점을 맞추는 다학제적 접근을 취하라는 것, '정답 가르치기'가 본업인 근본주의자와 '질문 던지기'가 주업인 학자의 역할 차이를 분명히 이해하라는 것, 그리고 무릇 세상사란 아이러니와 파라독스로 가득 차 있는 바, 유머 감각을 견지하라는 것 등이다.[123]

이론이 아닌 현장을 중시하면서 분석적 연구 방법만이 능사가 아니라는 점을 강조하는 학자 가운데는 정치학자 제임스 스콧이 있다. 그는 이렇게 말한다. "나는 인생의 3분의 1을 노트 작성에 보냈다는 사실에 감사하고 있다….경험한 바에 따르면 가장 중요한 정보는 실제 사건이나 언쟁(言爭)에서 나온다….나는 추상적인 개념을 가지고 사고할 능력이 없는 사람이다. 거듭 말하지만 나는 그럴 능력이 없다. 내가 서너 가지 추상적인 개념을 들어가며 무엇인가를 설명한다면 나를 똑똑한 사람으로 여기겠지만, 사실은 나 자신조차 무슨 말을 하고 있는지 모르는 상황일 것이다"(뭉크·스나이더, 2012a:260).

그리고 스콧은 이렇게 부언한다. "나는 내 연구를 수학 공식으로 도배할 마음은 없다….방법론적 엄밀함은 보통 사소한 문제를 푸는 데 사용될 뿐으로 별로 득이 될 게 없는 엄밀함이다…. (물론) 방법론이 시간 낭비라고 생각하지 않는다. (하지만) 우리는 남근(男根)을 선망하듯 자연과학을 선망하는 경향이 있다. 그러나 정치학은 절대로 자연과학처럼 될 수 없다. 우리는 인간 주체의 행위를 연구하는 사람이며, 인간은 자기반성이 가능한 존재이기 때문이다(뭉크·스나이더, 2012a:272, 273, 274-275). 그에 따르면 정치학을 제대로 한다는 것은 설문지를 돌리거나 정치학 책을 읽어서 될 일이 아니다. 정치의 세계는 매 순간 우리 주변에 있고, 소설 속에도 있다. 그래서 그는 이렇게 말한다. "정치학을 제대로 하려면, 매 순간 해야 하고, 왜 이런 일이 일어나게 되었는지 또 왜 저런 일이 벌어지게 되었는지를 끊임없이 질문해야 한다"(뭉크·스나이더, 2012a:290).

일반 대중을 가까이하고 현장을 중시하려는 학문적 시도가 우리나라 학계에 그동안 전무했던 것은 물론 아니다. 과거에 비해 최근에는 하나의 트렌드로 자리 잡고 있는 느낌도 준다. 정준영은 노명우의 『세상물정의 사회학』과 정태석의 『행복의 사회학』, 그리고 전상인의 『편의점 사회학』을 예로 들어 이를 '사회과학적 사고의 대중적 확산'이라 명명했다(정준영, 2014). 그는 편의점이라는 구체적 대상을 분석한 전상인의 책이 '사회과학 전문서에 좀 더 가깝다면' 노명우의 책은 '수필집', 그리고 정태석의 책은 '자기계발서'라고 해도 별 문제가 없다고 평가했다. 정수복에 의해 "'새로운 글쓰기를 실험하는 사회학자들'로 호명된 이름도 최근 크게 늘었다(정수복, 2015:346-354).[124]

사회학의 대중화는 필연적으로 한국사회학의 토착화와 연계될 수밖에 없다. 수입 학문으로서의 사회학은 지금까지 외부적 관점을 통해 한국적 현실을 설명하려는 노력이 지배적이었다. 사회학이 자생적으로 성장하지 않았던 만큼 이는 어느 정도 불가피한 일이었고, 우리 자신의 모습을 타자의 시선에서 성찰한다는 점에서 완전히 무익한 것만도 아니었다. 처음으로 스스로를 되돌아볼 기회를 얻었다는 점에서 특히 그러하다. 남의 시선을 빌려 자신을 생각하는 태도를 학문적으로는 '오리엔탈리즘'(Orientalism)이라 부른다.

오리엔탈리즘 문제를 처음 본격적으로 제시한 에드워드 사이드(Edward Said)에 의하면 오리엔탈리즘이란 '동양에 대한 서양의 지배 방식' 가운데 하나다. '동양'(Orient)은 지리적 실체로서가 아니라 서양의 관점에 따라 '동양화'(Orientalized)될 뿐이며, 그렇게 '동양화된 동양'이 '진실'처럼 작동하는 구조다(사이드 1995:67). 이러한 관점은 권력과 지식의 상호관련성을 주장하는 푸코의 담론이론에 기반하고 있는 것으로, 서양이 동양을 중립적이거나 객관적으로 바라보는 것이 아니라 조종과 지배의 대상으로 이해하는 것을 의미한다. 말하자면 서양이 동양에 대해 야만적이고 후진적이며 열등하다는 제국주의적 프레임을 씌우는 것이다. 그 결과, 서구 사회학에 의존하는 한국사회학은 그만큼 서구의 학문적 식민지로 전락하기 십상이다.

이기홍에 의하면 가설연역적 연구 방법이라는 관점에

서 볼 경우, 서구 이론의 보편성 및 일반성을 전제하는 기존의 연구 동향이나 이에 맞서 한국의 현실에 부합하는 사회과학 이론의 '토착화'를 강조하는 입장이나 사실은 별로 차이가 없다. 왜냐하면 가설연역적 연구방법을 따르는 한 한국사회에서의 '보다 다양한 요인들과의 상호작용'에 대한 탐구는 여전히 배제될 수밖에 없기 때문이다. 짧지 않은 사회과학의 역사에도 불구하고 한국사회에 대한 통찰력 있는 설명적 연구가 극히 빈곤한 사정을 그는 이런 이유로 설명한다(이기홍, 2006:10). 어쩌면 한국의 사회(과)학은 실제 사회현상을 설명하는 학문적 장치 못지않게, 그 자체로 설명이 필요한 독특한 사회현상일지 모른다(장경섭, 2023:13).

그만큼 오리엔탈리즘의 한계를 극복하기 어렵다는 의미인데, 예컨대 이른바 '유교자본주의론' 내지 '아시아적 가치론'이 그 가운데 하나인 듯하다. 여기서 문제의식의 출발은 서구의 자본주의 발전이 프로테스탄티즘의 소산이라는 막스 베버의 이론을 비판하려는 것이다. 다시 말해 아시아의 유교적 가치도 개신교 윤리 못지않게 자본주의 발전에 도움을 주었다는 주장을 하고 싶은 것이다. 그러나 이는 베버의 명제 자체를 극복하는 것이 아니라, 여전히 베버의 이론적 프레임 속에서 베버의 일부 오류를 지적하는 데 지나지 않는다. 말하자면 서구 사회학을 극복하겠다는 시도가 결과적으로는 그것에 동참하고 있는 셈이다.

이와 유사한 사례는 사회자본(social capital) 관련 국내 연구 경향이다. 사회자본에 관한 이론이나 개념 자체는 서구에서 발원했으며, 일반적으로 신뢰와 네트워크, 참여 등을 기준으로 사회자본의 있고 없음이나, 많고 적음을 분석한다. 그래서 대부분의 연구가 거의 항상 도달하는 결론이란 한국의 사회자본이 OECD 국가 가운데 최하위 수준이라는 식의 자조(自嘲)와 자학(自虐)이다. 하지만 이는 사회자본을 서구적 관점에서 정의하는 데 따른 예정된 결론에 가깝다. 말하자면 비교의 잣대가 애당초 잘못된 것이다. 우리의 경우 사회자본 개념이란 신뢰나 네트워크, 참여 등과 같은 서구적 시각으로는 포착할 수 없는 그 무엇일지 모른다.

밀즈가 말했듯, 학문적 연구를 남의 이론이 아닌 개인적 체험으로부터 시작하는 것도 하나의 방법이다(밀즈, 1959:216-217). 삶의 경험을 지적 활동의 원천으로 활용할 줄 알아야 연구의 독창성이 생기기 때문이다. 다음은 저자가 사는 동네에서 직접 보거나 들은 내용이다.

〈에피소드 1〉

2023년 서울 은평구 연신내 시장 내 어느 콩나물국밥집

-50대 아줌마 한 사람이 별다른 인사도 없이 가게 문을 열고 들어와 불쑥 식당 여주인에게 "콩나물국밥, 포장도 되냐?"고 묻는다.

-이에 식당 여주인은 "콩나물비빔밥은 포장이 가능하지만 국밥은 안 된다"고 답하고는 "원래는 했는데 손이 없어서…"라고 말끝을 흐린다.

-50대 아줌마는 "아들이 어젯밤 술 먹고 새벽 4시에 와서리…"라고 혼잣말처럼 중얼거린다.

-그러자 식당 여주인은 "그렇다면 포장 해 주겠다"라며 손님의 청을 돌연 들어주기로 한다.

-그러자 50대 손님 아줌마는 (술 많이 먹고 들어온 아들에게) "아마 밥은 필요 없을 듯하다"며 식당 주인의 부담을 약간 덜어 주려고 한다. 그러다가 갑자기 "이 집 김치가 예술이던데"라고 하며 김치를 조금 싸달라는 눈치를 보낸다.

-이때 식당 여주인은 약간 당황하는 느낌으로 "아, 원래 김치는 포장 안 되는데, 그래도 조금 싸 드릴께"라고 대답한다.

-50대 아줌마는 "아니 그럴 필요는 없다"고 말은 하면서도 김치가 포함된 포장 콩나물국밥을 건네받는다. 그러면서 "천 원 더 드리겠다"라고 하면서 원래 국밥 가격에 천 원 더 보태 낸다.

-그러자 식당 주인은 "아니 그럴 필요 없다"고 손을 내 저었고 이에 손님은 "아니 꼭 받으셔야 한다"고 우긴다.

-이에 식당 주인은 "에고, 그럼 받겠다"고 말하며 아드님 위해 "청량고추랑 새우젓도 조금 넣었다"고 나가는 손님을 향해 큰소리로 말한다.

〈에피소드 2〉
2020년 서울 평창동 소재 어느 미장원

저자가 개인적으로 다니는 미장원 헤어디자이너가 전해 준 이야기다. 그 미장원은 예약제로만 운영되고 주인인 헤어 디자이너가 모든 일을 혼자서 하는 곳이다. 그는 40대 미혼 남성인데 프랑스 파리 헤어디자인 스쿨 유학파다. 평창동 주택가에 위치하고 있는데, 그리 넓지 않은 공간에 텔레비전은 설치되어 있지 않은 대신 늘 샹송이 흐른다. 그곳에서 한 달에 한 번 정도 작은 독서모임도 열린다. 어느 날 단골손님 가운데 한 사람이 머리를 커트하기 위해 왔더란다. 교양도 있고 재력도 있는 50대 안팎 주부였다. 그녀는 적어도 10년 이상 그 미장원을 다녔다. 헤어디자이너는 여느 때처럼 거울 앞 미용 의자에 그녀를 앉힌 다음 목걸이형 에이프런을 입혔다. 빗과 가위를 들고 그녀의 등뒤로 다가서는 순간, 그는 거울을 통해 여자 손님의 눈에서 눈물이 맺혀 아래로 떨어지는 모습을 목격했다. 이에 그는 아무 말로 하지 않은 채 뒤로 조용히 물러났다. 그녀는 30분 정도 의자에 계속 앉아 흐느껴 울었고, 그런 다음 오늘은 머리를 손질하지 않고 그냥 집으로 가겠다고 말했다. 이에 헤어디자이너는 그렇게 하시라고 낮은 목소리로 응답했다. 혹시 무슨 일이 있는거냐, 그래도 기왕 온 김에 머리는 자르고 가는 게 좋지 않겠느냐와 같은 말은 그때는 물론 그날 이후에도 일절 하지 않았다.

위의 두 현장 에피소드에서 드러난 사회관계는 서구의 사회자본 개념으로는 제대로 파악하기 힘든 매우 한국적인 풍경이다. 전자의 경우, 모든 대화는 반전(反轉)의 연속이다. 일관된 기준이나 원칙보다는 흐름 내지 상대의 반응, 곧 상황에 따라 그때그때 입장을 바꾸기 때문이다. 후자의 경우, 사전 예약을 한 손님이 개인적 사정으로 돌연 미용 서비스를 받을 수 없는 상황을 맞이하여 미장원 주인은 아무런 불만을 제기하지 않은 채 자신의 시간적, 금전적 불이익을 자발적으로 감수한다. 이런 것들이야말로 서구의 사회자본 개념으로는 포착하기 어려운 한국의 나름 독특한 문화와 정서를 담고 있다.

서구사회학을 모델로 간주하는 한국사회학은 한국적 현실을 서구의 이론으로 설명하고자 '분투'하는 경향이 있다. 하지만 이들 대부분은 실패로 끝난다. 왜냐하면 절대다수의 사회학 이론이나 개념이 서구학계에서 발원했으며, 이를 우리의 현실에 접목하는 한 −이론과 실제가 같든 다르든 상관 없이− 결과적으로 학문의 서구종속성을 재생산하게 되기 때문이다(조영철, 2020:232). 부르디외가 특정 이론이 만들어지게 된 배경이나 조건을 따지는 이른바 '사회발생적 관점'(sociogenetic point of view)을 강조하는 것도 같은 맥락이다(이상길, 2010:133). 그래서 우리에게 절실한 것이 토박이 사회학이다. 그리고 그것은 다름 아닌 한국사회의 생활 현장에서 나온다. 이론(theory)과 무대(theatre)는 둘이 아니고 하나이기 때문이다.

이와 관련하여 이성용(1999)은 한국사회학이 '정(情)의 문

화'에 천착할 때 비로소 우리에게 의미 있는 이론의 창출이 가능할 것이라 주장한 바 있다. 그에 의하면 우리 민족은 전통적으로 머리보다는 가슴으로 이야기하는 데 익숙해져 있다. 우리는 우리의 행위가 '인간다운 행위'인가 아닌가에 기준을 두어 올바른 행위인가 아닌가를 평가해 왔다. 서구인들과 달리, 우리는 '이득'이 되는가 아닌가를 계산해서 행위의 기준점을 삼지 않았다. 그래서 우리한테는 '사회자본'이라는 개념 자체가 자생하지 않았을 것이다. 물론 한국사회의 전반적인 서구화에 따라 서구식 사회자본 개념의 적실성이 앞으로 점차 높아질 수는 있겠지만 말이다. 서구발(發) 사회자본 개념이 '미운 정, 고운 정'이라는 말의 의미를 과연 담아낼 수 있을까? 또한 어떤 외국어가 우리말 '정'에 필적할 수 있을까? 일본어 '情け'(なさけ)도 우리의 정과는 다르다. 일본어 '情け'(なさけ)는 위에서 아래로 베푸는 느낌으로, 한국어 '정'과 같은 상호관계적 감정은 약하다.

서구인의 시각에서 보면 우리 민족의 전통적 행위들 가운데 상당한 부분들은 비합리적으로 보이기 쉽다. 이러한 인식은 특히 우리의 국력이 약할 때 더욱 부각되기 쉽고, 서구인은 근대화를 위해 우리 고유의 것을 고치라고 더욱

더 강력하게 채근하기 쉽다. 하지만 국력이 커지고 한류가 세계를 강타하는 오늘날에는 이와 반대로 우리의 고유한 정서가 장점으로 부상하기도 한다. 한국 음식이 세계적으로 인기인 것도 음식 자체의 탓이 아니라 높아진 국가의 위상 덕분일지 모른다. 요컨대 사회학의 토착화는 우리에게 중심을 잡게 할 어떤 '기본 원칙'을 형성하는 데 도움을 줄 수 있다. 또한 한국사회학 이론을 형성함으로써 한국사회학이 '수입학문'이 아니라 '수출학문'이 될 수 있는 계기가 마련될 수도 있다.[125]

2. 사회학의 인문성·예술성 회복

사회학과 좋은 글쓰기가 결합하기 위해서는 사회학 태동 당시의 본래 모습을 상기해도 좋을 것이다. 토크빌이나 퇴니스, 마르크스, 베버, 뒤르켐, 짐멜과 같은 19세기 전후의 사회학 창시자들은 '과학자'이면서 동시에 '예술가'였다. 그들이 설명한 민주주의, 자본주의, 근대국가, 대도시 등은 당대 화단의 인상주의 유파에 필적하는 일종의 '사회학적 풍경화'(sociological landscapes)였고, 그들이 묘사한 프롤레타리아나 부르주아, 도시인, 이방인 등은 그 시대에 새로 부상하기 시작한 역할 유형(role-type)에 대한 '사회학적 초상화'(sociological portraits)였기 때문이다.

사회학적 글쓰기를 화풍(畫風)에 비유하는 것에는 근거가 있다. 사회학의 등장과 인상주의의 출현은 공히 유럽 사회의 근대적 전환을 배경으로 하고 있었다. 말하자면 모더니즘 시대가 야기한 새로운 '사회문제'를 사회학은 지적으로, 인상주의는 미적으로 각각 대응한 셈이다. 인상주의는 사실의 정확한 묘사보다는 현장에서의 느낌을 중시했으며, "세계를 개인의 감각과는 독립적으로 존재하는 객관적 실재로서가 아니라, '나의 경험'이나 '나의 감각'으로 환원시키는 실증주의 철학에 부응"하는 측면이 있다(홍석기, 2010:35, 43). 마르크스에게 있어서 '계급', 베버에게 있어서 '합리성', 그리고 뒤르켐에게 있어서 '분업'은 19-20세기 근대사회를 바라보는 각자의 창구이자 렌즈였다(홍석기, 2010:55). 인상파 화가처럼 자기 방식으로 새로운 세상을 이해하고 분석한 것이다.

니스벳은 만약 초기 사회학자들이 이런 의미에서의 예술가가 아니었더라면, 지금의 사회학은 훨씬 더 초라해졌을 것이라고 추측한다(니스벳, 1976:6-7). 그가 "예술형식으로서의 사회학"(Sociology as an Art Form)을 주장한 것은 이 때문이다. 그가 사회학이 과학(science)이 아니라고 말하는 것은 아니다. 다만 사회학의 '과학주의'(scientism)를 경계할 뿐이다(니스벳, 1976:4). 니스벳에 의하면 발견 및 창조 정신의 중요성에 관한 한 과학과 예술 사이에 경계는 없으며, 이 점에서는 사회학도 예외가 아니다. 그런 만큼 '분석 방법론'에 관한 교재가 범람하고 있는 오늘날 사회학의 현실이야말로 이와 같은 예술형식의 사회학으로부터 점점 더 멀어지고 있다는 징후라는 것이 그의 안타까움이다(니스벳, 1976:5).

사회학의 미래가 글쓰기에 달려 있다면 사실 그것은 사회학의 '오래된 미래'라고 말할 수 있다. 사회학의 '문화적 전환'(cultural turn)은 바로 사회학의 글쓰기 전통을 재발견·재인식하는 것이며, 한국에서도 문화사회학회를 중심으로 이런 방향의 목소리가 커지고 있다. 예컨대 최종렬은 '문화적 전환'의 의미를 "사회학 창건자들의 원래 기획을 오늘에 맞게 되살리자"는 취지로 이해한다(최종렬, 2009:6). 그가 볼 때 오늘날은 고전사회학자들이 직면했던 현실과 매우 흡사한 상황인 바, 21세기 현대인들이 급속한 사회구조적 변동이 초래한 삶의 의미 상실로 힘들어한다는 점에서 그러하다.

이와 같은 사회학의 문화적 전환은 사회학 위기의 타개책으로 제시되기도 한다. 사회학이 위기에 대응하는 방법으로 두 가지가 논의되어 왔다. 하나는 사회학이 자신의 고유 영역을 '시민사회로' 규정한 다음 -마치 경제학이 시장을, 정치학이 국가를 그렇게 하듯이- 이를 바탕으로 일반대중과의 교감을 늘려 가자는 공공사회학(public sociology)의 길이다. 또 다른 하나는 특정 과학적 기준에 대한 합의를 바탕으로 학문 분과로서의 뚜렷한 응집력을 배양하자는 전문사회학(professional sociology)의 길이다. 이에 대해 문화사회학은 제3의 길을 제안한다. 곧, 21세기 사회변화 속에 삶의 실존적 의미를 잃어버린 현대인들에게 세상에 대한 새로운 해석과 지식, 위로를 제공하자는 것이다. 말하자면 태동기 사회학이 했던 일을 우리 시대 사회학이 재연하자는 주장이다(전상진·김무경, 2010).

게리 맑스가 좋은 글쓰기를 위해 언어의 미학적 및 유희적 측면을 인식하라고 말한 것도 이와 상통하는 맥락이다(게리 맑스, 1997). 무릇 글쓰기란 업무(vocation) 같을 수도 있지만 휴식(vacation) 같은 것이 될 수도 있다는 것이다. 그에 의하면 글쓰기에 의한 소통은 내용만이 아니라 형식도 중요하기 때문에, 사회학자라면 무엇보다 문학과 시를 가까이할 필요가 있다. 그가 보기에 글쓰기에 관련하여 역사학자가 사회학자보다 나은 것은 결코 우연이 아니다. 문학성의 측면에서 역사학이 사회학을 능가하기 때문이다. 요컨대 "언어를 수단으로서도 사용하고 목적으로서도 사용하라"는 것이 게리 맑스의 권고다.

정치학자 제임스 스콧은 사회과학적 글쓰기에 있어서 문학적 배경과 역량을 매우 중시한다. 그는 "정치에 대한 통찰은 특정한 틀이나 형식을 갖추고 찾아오지 않는데, 이런 (문학적) 통찰이 배제된다면 정말 애석한 일이 아닐 수 없다"고 말한다(뭉크·스나이더, 2012a:245). 스콧은 "한 사람이 읽는 책과 그가 대화하는 사람을 보면 바로 그가 어떤 지식인인지 알 수 있다…정치학 서적만 읽고 정치학자하고만 대화하는 것은 한 가지 식품군만 섭취하는 것과 같다…이것이 전부라면 독창적이고 새로운 이론을 만들어낼 수 없다"라고 덧붙였다(뭉크·스나이더, 2012a:255).

스콧은 말레이시아 현지 조사 시절에도 노트 작성을 끝낸 자정이나 새벽 1시 정도부터 "모기장 밑 침대로 기어들어가 손전등을 어깨에 얹고서 제인 오스틴과 에밀 졸라, 발자크처럼 몰입할 수 있는 문학작품을 읽었다.…순수하게 정치학만을 섭취하면 미칠 듯이 지루해진다. 그래서 (정치학을) 즐기기 위해, 또한 교양인이 되기 위해 훌륭한 문학작품을 많이 읽었다"고 회고했다(뭉크·스나이더, 2012a:241). 그는 다음과 같이 덧붙였다. "관자놀이에 권총을 갖다 대고서 훌륭한 문학작품을 읽으라며 윽박지를 마음은 없다. 그런 걸 좋아하는 사람이 있는가 하면 싫어하는 사람도 있는 것이다. 문학작품 읽기를 무슨 비타민 복용처럼 생각해서는 안 된다. 그러나 톨스토이, 고골, 조지 엘리엇 등을 접한다면 정치학에서도 통용될 만한 정치적 통찰을 얻을 수 있다고 믿는다"(뭉크·스나이더, 2012a:255).[126]

사회학의 인문성 복원이나 예술성 가미는 사회학의 한국화 및 토착화 이슈와도 무관하지 않다. 말하자면 조선시대 문(文)의 전통을 복원하는 일이다. 사실 조선시대에는 "시와 논리가 종합적 인식 체계에서 서로 얽혀 있었다. 1900년경부터 우리나라 지적 전통이 문·사·철로 분리되기 시작했고, 1970년대는 사회과학이 문·사·철에서 떨어져 나와 자기의 영토를 선언했다"는 것이 송호근의 진단이다 (송호근, 2013:97-98). 요컨대 "종합지(綜合知)로서의 인문학적 전통에서 분석적 지식이 분리"된 것이다. 사회학 배경의 도시계획학자 김형국은 "인문적 소양은 자신을 표현할 수 있는 글쓰기로 완성된다"고 주장한다(김형국, 2013:12). 혹독한 전투에 대한 사회과학적 방식의 글이 '사망 몇 명, 부상 얼마'라는 식이라면, '싸움은 바로 지옥이었다'라는 비유로 시작하는 것이 바로 인문적 스타일이라는 것이다.

사회학의 대중성을 강화하고 인문성 및 예술성을 회복하기 위해서는 궁극적으로 학문과 문학, 저널리즘 사이의 담장 낮추기나 경계 허물기도 필요하다. 일반적으로 좋은 글이 만들어지는 텃밭은 문학, 언론, 그리고 학문의 세 영역이다. 이른바 '글쟁이 양성소'인 셈이다. 하지만 AI 시대를 맞이하여 세 군데 '글밭' 모두 과거의 명성을 급속히 상실하고 있다.[127] 하지만 사회학은 다른 학문 영역에 비해 문학이나 저널리즘과의 접목 및 연대 가능성이 상대적으로 높다는 측면에서 좋은 글쓰기의 작은 희망으로 남아있을 수 있을 것이다. 이 책이 사회학이 글쓰기이고 글쓰기가 사회학이라 주장하는 핵심 이유다.

3. 글쓰기의 자유와 책임

좋은 글쓰기를 위해 필요한 사회적 조건 가운데 하나는

글을 자유롭게 쓰는 환경이다. 이는 '표현의 자유'를 거론하는 것이 아니다. 대신 글쓰기 행위 자체와 관련된 각종 내적 규제나 규범으로부터 심리적 부담을 줄이자는 말이다. 넥타이 차림만 아니라 캐주얼도 패션의 하나이듯 말이다. 소설가 복거일에 의하면 "말들을 골라 쓰는 일은 본질적으로 개인에게 맡겨질 일이다"(복거일, 1998:132-133). "언어는 그 점에서 시장과 같다"는 것이 그 이유다. 물론 이는 자신이 쓴 글에 대한 책임을 충실히 감당하고 이행한다는 전제 하에서다.

이른바 '문법 나치'(Grammar Nazi)는 다른 사람이 말과 글에서 범하는 언어적 과오나 실수를 비판하고 교정하는 이를 일컫는다. 말하자면 철자나 문법, 띄어쓰기 등에서 잘못된 부분을 지적하는 사람들인데, 그들의 직업은 국어학자와 문법학자, 편집·교열 담당자 등에 걸쳐있다.[128] 이 단어는 1990년대 미국의 온라인 토론에서 처음 등장했으며, '나치'라는 말이 홀로코스트를 연상시킨다는 이유로 최근에는 '문법 현(衒)학자'(Grammar Pedant) 혹은 '문법 사령관'(Grammando)으로 바꿔 부르기도 한다. 하지만 이들의 '악행'(惡行)을 강조하는 의미에서 '문법 나치'라는 용어를 그냥 사용하려는 분위기도 강하다.[129]

글을 문법에 맞게 쓰는 것은 물론 중요하다. 문법도 법이니만큼 그것은 사회적 합의의 산물이며, 그만큼 사회적 의사소통의 효율성을 높이는 순기능을 부인하기 어렵다. 또한 일종의 사회화 과정으로서, 문법 자체는 가르치고 배워야 한다. 하지만 한계와 문제도 분명히 있다. 무엇보다 큰 것은 '문법 결벽주의'(Grammatical purism)의 폐해다. 글쓰기를 포함한 커뮤니케이션 과정에 무의식적인 압박을 가할 수 있기 때문이다.[130] 1909년 이후 '표준 정통' 영어를 자부하는 『King's English』의 저자들은 '문법 나치'의 존재 이유가 "영어를 좀 더 합리적이고 우아하게 만드는" 것에 있다고 주장한다. 하지만 『King's English』만 '표준 정통' 영어를 고집할 경우, 다른 영어는 비(非)표준·비(非)정통 영어로 전락하고, 이는 글쓰기에 대한 공포는 물론 영어 자체의 위축과 빈약을 초래할 수 있다.

무릇 선진국일수록 말이 풍부하다. 어휘의 양과 표현의 다양성은 정비례한다. 뭐니 뭐니해도 좋은 글쓰기의 일차적 원료는 풍요로운 언어다. 하지만 우리나라는 표준어 개념에 대한 강박적 애착과 외래어 및 한자어에 대한 정서적 거부감 때문에 언어자본이 질적 및 양적으로 빈약한 편이다. 세계 굴지의 경제부국으로서 미래 문화강국을 꿈꾸는 오늘날 대한민국의 국제적 위상을 고려하면 더욱 그렇다. 언필칭 1인당 국민소득 3만 불 시대, 상호 의사소통이 과거 그 언제보다 활발한 민주주의 시대의 한국어 총량이 수십 년 전 수준에 계속 묶여 있을 수는 없는 노릇이다. '한류'가 세계적으로 뻗어나가고 있는 마당에 말이다. 언어정책에 관한 한 이제는 국력에 기반한 자신감을 가질 때가 되었다.

물론 표준어가 필요하긴 하다. 그러나 그것이 한국어의 어휘를 감소시키는 결과를 초래한다면 무엇을 위한, 그리고 누구를 위한 표준어인지 한 번쯤 진지하게 생각해 볼 필요가 있다. 국민 모두에게 공용어(표준어)를 제도적으로 강요할 경우 나타나는 피해는 가볍지 않다. 태어날 때부터 자연스레 지역어(방언)를 익히며 자라왔는데 "자존심에 상처를 입어가며 일정 비용을 들여 자신의 말을 고치는 수고를 감당해야" 한다면 이는 헌법상 평등권에도 위배된다. 이런 점에서 국가 언어공동체의 공용어는 '권장어'가 되어야 한다는 주장에는 일리가 있다(정승철, 2020). '표준어'처럼 반드시 써야 하는 것이 아니라 자신의 의지나 처지에 따라 써도 되고 쓰지 않아도 되는 그런 의미의 '권장어' 말이다.

요즘같이 변화가 빠른 시대를 맞이하여 신조어의 표준어 수용이 우리나라의 경우 매우 느리고 보수적이라는 점도 커다란 문제다. 사실 영미권에서는 신조어를 비교적 유연하고 적극적으로 받아들이는 경향이 있다. 여기에는 규범보다는 용불용설(用不用說)에 입각한 언어철학, 언어 사용 주체의 다양성 배려, 실제 사용되는 단어의 등재가 사전의 본래 역할이라고 믿는 실용주의적 사전 편찬 정책 등이 작용하고 있다. 우리나라에서 표준어의 기준은 국립국어원이 편찬하는 「표준국어대사전」 등재 여부인데, 영국에서 가장 권위 있는 사전인 옥스퍼드 영어사전(Oxford English Dictionary)과 사뭇 대비된다.[131]

우리나라는 외래어에 대한 수용성도 낮은 편이다. 외래어 자체에 대해서도 그러하지만 이른바 영어투 혹은 일본어투 문장은 문법적 제재 및 사회적 검열의 대상이 되기 십상이다.[132] 어떤 말에 나름 효용이 있고 역할이 주어져 있다면 언어의 국적은 별로 중요하지 않다고 생각할 수도 있을 텐데 말이다(복거일, 1998:128). 일본은 외래어에 대해 개방적이고 실용적인 태도를 보인다. 이는 에도시대 이후 전통일 뿐 아니라 외래어를 일본식으로 재창조하는 조어(造語) 관행이 자연스레 수용되는 사회 분위기 탓이다. 심

지어 전통 일본어보다 외래어 사용이 현대적, 전문적 혹
은 글로벌한 뉘앙스를 풍긴다고 생각하기도 한다. 요즘 우
리나라 사람들의 흔한 인사법인 '좋은 하루 되세요'라든가
'좋은 아침!'도 사실은 영어 'Have a nice day'와 'Good
morning!'에서 온 것 아닌가?

언어가 풍부해지고 고급스러워지고 강해지는 것은 하
루아침에 이루어지는 일이 아니다. 그렇다고 불가능한 것
은 아니다. 언어적 관용과 포용을 통해 우리말 어휘를 늘
리고, 한자나 외래어와의 적극적인 '잡종강세'를 모색하면
얼마든지 가능한 일이다. 언어는 살아있는 생물 같은 것이
다. 라틴어도 처음에는 가난했다가 나중에 부자가 되지 않
았는가. 아울러 명사나 명사화를 선호하는 학계의 과도하
게 엄숙한 분위기도 개선될 여지가 있다. 필요하다면 동사
나 형용사, 부사 등 모든 품사가 글쓰기에 동참하여 글의
멋과 맛을 살려야 한다. 요컨대 좋은 글쓰기를 위해 우리
말의 형식과 문법은 보다 개방적이고 포용적이 되어야 한
다.

이와 더불어 언어 능력자 혹은 프로 글쟁이들의 창조적
일탈은 규제될 것이 아니라 오히려 권장되는 게 바람직하
다. 한국어의 숲을 다양하고 고급스러운 수종(樹種)으로 풍

성히 키우는 데 대한 엘리트 언어 지식인의 의무와 책임은 아무리 강조해도 지나치지 않다. 다음은 이와 관련된 흥미로운 일화다. 이 책에 자주 등장한 미국의 정치학자 제임스 스콧이 세계적으로 권위 있는 출판사인 예일대 출판부에서 책을 내면서 자신이 생각한 제목은 'Seeing Like a State'였다.[133] 그랬더니 예일대 출판부에서는 'Seeing As a State'가 문법에 맞다며 수정을 요구했다. 스콧은 그와 같은 충고를 무시했다. 훗날 스콧은 예일대 출판부가 자신한테 '감히' 그런 소리를 했다는 사실을 언급하며 "정말 웃기는 일"이라고 회고했다(뭉크·스나이더, 2012a:252). 당대 최고 수준의 글쟁이 학자다운 기개이자 배짱이 아닐 수 없다. 바로 이것이 글쓰기의 자유이자 책임이다.

Ⅵ 나가며

이 책은 한국사회학의 현주소에 대한 다음과 같은 문제 의식에서 비롯되었다. 첫째, 언제부턴가 사회학이 '재미없는' 학문이 되어 사회적 인지도 및 평판도가 떨어지고 일반 대중으로부터도 멀어졌다. 둘째, 이와 같은 사회학의 위기를 초래한 요인 가운데 하나는 '글쓰기 전통' 내지 '글쓰기 문화'가 점차 사라지고 있다는 사실이다. 셋째, 사회학 분야 내 글쓰기의 퇴조는 지식생산 및 유통 환경의 기술적 변화와 더불어 학계의 '논문중심주의' 관행과 관료주의 작풍(作風) 및 권력관계 탓이 크다. 작금의 한국사회학은

-비록 다른 학문 분야의 경우도 사정이 크게 다르지 않고 다른 나라의 사회학도 비슷한 운명이긴 해도- 이런저런 바깥 핑계를 대거나 남 탓을 하기 전에, 글쓰기 문제로 소리 없이 위기를 자초하는 중인 것으로 보인다.

이 책은 사회학이 자신의 존재 이유를 제대로 발현하고 본래의 가치를 확실히 구현하기 위해서는 글쓰기가 모든 지적 활동의 중심이 되어야 한다고 주장한다. 글쓰기야말로 사회학 공부에 있어서 궁극적인 방법론이자 대표적인 결과물이라고 보는 것이다. '사회학은 글쓰기이고 글쓰기가 사회학'이라는 것이 저자의 기본 입장이다. 일찍이 밀즈는 '사회학적 상상력'의 중요성을 강조하면서 "모든 이로 하여금 자신만의 방법론자가 되게 하라"(Let every man be his own methodologist)고 말했다(밀즈, 1959:246). 이 책은 그러한 각자 고유의 연구방법론이 가장 잘 드러나는 학문적 과정이 다름 아닌 글쓰기라고 주장한다.[134]

이 책의 전제는 '호모 스크리벤스'(Homo Scribens), 곧 '글 쓰는 존재'로서의 인간이다. 이를 설명하기 위해 소통 방법으로서 말하기와 글쓰기에는 서로 어떤 차이가 있는지를 살펴본 다음, 특히 글쓰기가 갖고 있는 존재론적 의미와 사회적 함의를 고찰하였다. 인간이어서 글을 읽고 쓰며, 글을 읽고 쓰기에 인간다운 인간이자 사회 속의 인간이라는 취지다. 이어서 글쓰기 행위 특유의 마법을 강조하였다. 글쓰기란 단순히 말을 글로 옮기는 작업이 아닐 뿐 아니라 이미 알고 있는 것을 글로 그대로 표현하는 과정도 아니라는 의미에서다. 글쓰기에는 알게 모르게 창조적 힘을 자기 증식하는 신비한 경향이 내재되어 있다. 이 점 또한 글쓰기가 하나의 숨은 연구방법론이 될 가능성을 기대하게 만드는 측면이 있다.

글쓰기란 한편으로는 개인적 행위이지만 다른 한편으로는 사회적 환경이나 조건의 영향을 받는다. 이 책에서는 이를 '에크리튀르' 개념을 중심으로 풀어나갔다. 그것은 사회방언 내지 집단적 언어운용 방식의 하나로서, 학자들이 쓰는 글을 일정한 정형에 묶는 일종의 함(檻)을 말한다. 사회학자의 글이 비전문가 일반인의 눈높이에서 볼 때 어렵게 느껴지기 쉬운 것은 바로 학술적 글쓰기 특유의 에크리튀르 때문이다. 이 책은 에크리튀르에는 그것을 전적으로 무시해서도 안 되고 완전히 그것에 종속되어서도 안 되는 양면성이 있다고 주장하였다.

이 책은 무엇보다 '이야기로서의 사회학'을 강조하였다. 글쓰기가 사회학 연구방법론 가운데 하나가 되려면 서사

적 스타일 혹은 스토리텔링 형식이 사회학적 글쓰기를 주
도해야 한다고 보는 입장이다. 사실 지식의 전달 및 설득
에 있어서 이야기 방식 특유의 막강한 힘은 다양한 학문
분야에서 인식되어 왔다. 또한 사회학계에서도 '이야기 사
회학'은 새로운 미래가 아니라 오래된 전통이었다. 이 책
에서는 '이야기꾼 사회학자'의 이미지를 탐정(spy), 소설가
(novelist), 기자(journalist)이라는 세 가지 직업에 빗대어 보
았다.

다음으로는 글쓰기의 주원료에 해당하는 언어 문제를
사회학적 시각에서 논의하였다. 어쭙잖다면 어쭙잖은 대
로 글쓰기에 대한 일종의 언어사회학적 분석이다. 우선 근
대학문의 태동과 근대국가의 성장에 관련하여 자국어가
차지하는 의미를 살펴보았다. 사회학의 경우 의학이나 이
공계 계열 학문에 비해 자국어의 중요성이 상대적으로 크
다고 주장하였다. 자국어로서의 한국어는 경쟁력 있는 학
술어로서 갈 길이 멀다는 사실을 지적하면서, 한글에 대한
과잉 숭배와 한자 배척 풍조를 비판하였다. 궁극적으로는
한국사회학의 언어자본을 늘려야 한다는 점을 강조하면
서, '한글 사회학'을 중심으로 하되 오늘날 학문세계에서
글로벌 '공인구'의 위상을 차지한 영어를 포용할 수밖에

없다고 주장하였다. 외국어와 자국어의 가교로 볼 수 있는 번역 문제에 대해서도 보다 많은 사회학적 많은 관심이 할애되기를 기대했다.

마지막으로 사회학적 글쓰기의 실천을 위한 몇 가지 제안을 덧붙였다. 여기에는 첫째, 사회학의 대중성·현장성 강화가 제시되었는데, 분석 대상 및 접근 시선의 미시화와 토착화야말로 사회학적 글쓰기를 위한 핵심 방향이라 주장하였다. 둘째는 사회학의 인문성·예술성 회복이다. 이는 19세기 전후 근대사회에 대한 '사회학적 풍경화' 및 근대인에 대한 '사회학적 초상화'를 그렸던 고전사회학자들의 인문적, 예술적 전통을 계승하자는 취지로, 혼란스러운 사회변동 속에서도 삶의 실존적 의미를 제시하기 위해 노력했던 그들의 소명 의식을 우리 시대에 되살리자는 의미다. 셋째, 글쓰기의 자유와 책임을 거론하였다. 좋은 글쓰기를 위해서는 기본적으로 자유로운 사회 분위기와 풍부한 언어자본이 제공되어야 하며, 특히 프로급 글쟁이들의 창의적 일탈이나 창조적 파괴는 최대한 수용되어야 한다는 점을 역설하였다. 물론 사회적 책임을 전제로 해서 말이다.

이 책의 서두에서 각별히 강조한 바, 이 책의 목적은 글쓰기에 '대한' 것이지 글쓰기를 '위한' 것이 아니다. 그럼에도 이 책의 마무리는 글쓰기를 위한 몇 가지 개인적인 생각을 개진하는 것으로 대신하고자 한다. 글쓰기 자체를 잘하기 위해서는 시중에 나와 있는 수많은 양서를 참고하길 바란다.[135] 하지만 그것들이 글쓰기에 관련하여 어떤 결정적인 비법이나 묘책(妙策)을 알려줄 것으로 기대하는 것은 금물이다. 어쩌면 그런 것들은 애초에 존재하지 않는다고 생각해야 한다. 아마 그런 게 있었다면 글쓰기를 가르치는 책들이 이렇게 많이, 이토록 끊임없이 나오지도 않았을 것이다.

이 세상의 능력 가운데는 천부적인 것도 있고 후천적 노력에 의한 것도 있다. 예술이나 기예(技藝)에 가까운 분야일수록 타고나는 재주를 무시하기 어렵다. 글쓰기 세계에서도 비슷하다고 생각한다. 피땀 어린 연습과 훈련을 통해 어느 정도 글을 쓰는 수준까지는 오르겠지만 그 이상의 경지는 극소수만의 차지일 것이다.[136] 사회학을 공부하는 이들 모두가 발군의 '글쟁이'가 될 수도 없고, 그렇게 되려고 무리하게 욕심낼 일도 아니다. 시인이나 소설가처럼 기대치를 '보석 같은 문장' 수준으로 높여 잡을 필요도 없다.[137] '재미있는' 사회학, '의미 있는' 사회학으로 가기 위한 과정의 일환으로 글쓰기 실력의 향상을 위해 부단히 노력할

따름이다. 사회학이니까 좋은 글쓰기가 필요하고, 사회학이니까 좋은 글쓰기가 가능하다는 믿음과 함께 말이다.

첫째, 무엇보다 '좋은 질문'으로부터 글쓰기를 시작하라고 주문하고 싶다. 사회학의 진정한 힘은 정답 말하기에 있는 것이 아니라 좋은 질문하기에 있다. 주어진 질문에 대해 수동적으로 답을 찾게 되면 글쓰기는 처음부터 생명력과 창의력을 잃기 십상이다. 사실 묻는 말에 잘 대답하는 능력으로 말하자면 인공지능, 곧 AI를 따라가기 어렵다. 왜냐하면 인공지능은 본래 묻는 말에 대답하는 기계로 만들어졌기 때문이다. 알고리즘에 갇힌 AI로부터는 상상과 통찰, 비약이라는 지식 세계의 특유의 신비를 경험하기 어렵다. 이와 반면에 사회학은 좋은 질문하기에 최적화된 학문이다. 일단 좋은 질문을 던지고 난 다음부터는 글쓰기의 '자기증식' 마법을 기대하면 된다. 좋은 질문은 글쓰기를 위한 시동(始動)이자 마중물이며, 질문이 좋을수록 글은 어떻게든 앞으로 움직이기 시작한다.

둘째는 무조건 계속, 자주 써 나가는 일이다. "글을 쓰는 문제에 대한 해결책은 어쨌든 글을 써보는 것"으로 이는 "물속에 들어가지 않고서는 수영을 할 수 없다"는 만고의 진리를 믿는 것과 다르지 않다(베커, 1999:193-194).[138] 글쓰기란 이따금 치르는 시험도 아니고 기회를 골라 하는 투기도 아니다(베커, 1999:42). 바로 이것이 글쓰기 특유의 매력이자 고통이다. 글쓰기에 임하는 방식이나 태도는 사람에 따라 다르고 글쓰기의 속도나 성과도 개인마다 천차만별이다. 여기에는 원칙도 없고 정도도 없다. 글쓰기는 양털 깎는 방법, 연 날리는 방법, 자전거 타는 방법, 항해하는 방법, 운전하는 방법과 같은 것을 배우는 일종의 메티스(metis), 곧 실행지(實行知)다(스콧, 2010:469-476). '하면서 배우는'(learning by doing) 종류의 지식은 남이 이론을 통해 가르치기 어렵다. 대신 본인이 어느 순간 느낌이나 육감, 요령 등을 터득하게 되는 측면이 있다.

셋째는 퇴고(推敲)의 필요성과 중요성이다. 무조건 써 나가는 일이 중요하긴 하지만 그것으로 글이 완성되는 것은 결코 아니다. 문호 헤밍웨이에 의하면 "모든 초고는 다 쓰레기다"(배런, 2025:486에서 재인용). 그의 『무기여 잘 있거라』의 초고는 무려 47가지나 되는 다양한 결말을 구상했다고 한다. "정말로 중요한 것은 최종판이다"(베커, 1999:39, 45, 80-81). 초고는 발견을 위한 것이지 발표를 위한 것이 아니다. 모든 글쓰기에는 기본적으로 퇴고의 기회가 열려있고 또 열려있어야 한다.[139] 퇴고를 위한 '단 하나의 올바른 방법은 없다'(베커, 1999:80). 교정이나 퇴고 스타일은 사람마다 얼마든지 다를 수 있다. 그것도 나름 능력이나 취향의 문제다. 중요한 것은 퇴고가 많을수록 글은 좋아진다는 사실이다.

1장

1) 반드시 실제로 그렇다는 뜻은 아니다. 다만 노스다코타가 이렇다 할 대도시도 없고 관광지도 적으며, 문화·오락시설도 부족하다는 점은 부인할 수 없다. 1996년에 개봉된 영화 「파고(Fargo)」가 이런 이미지를 대중적으로 각인시킨 측면도 있다. 최근에는 셰일가스 개발로 인한 경제성장 덕분에 일자리가 증가하는 등, 살기 좋은 지역으로 각광을 받고 있다고 한다. 이와 더불어 인접 캘리포니아주의 '진보적' 사회정책이 주택 가격을 급등시키고 세금 부담까지 늘이자 그곳으로로터 유입되는 인구도 많아지고 있다고 한다.

2) 크레이머는 23개 영미권 소설 분석을 통해 다음의 세 가지를 발견했다. 첫째, 사회학 자체가 자기 영역이 불확실한 사이비 과학으로 인식된다. 둘째, 소설 속에 등장하는 사회학자들은 매우 공격적이며, 가끔은 학계 안에서 불쾌한 존재로 묘사된다. 셋째, 또한 그들은 업무 외적 활동에서도 종종 독특하거나 극단적인 행동 패턴을 보여주는 것으로 그려진다. 저명 사회학자 가운데도 주변 사람과 별로 잘 지내지 못한 것으로 알려진 사례가 몇몇 있다. C. 라이트 밀즈(C. Wright Mills)는 직설적이고 공격적인 성격 때문에 동료 학자들이 함께 하기 어려워했고, 피에르 부르디외(Pierre Bourdieu) 역시 주변 학자와는 물론 제자나 기자, 문학인들과 불편한 관계를 맺기 일쑤였다. 랜들 콜린스(Randall Collins)는 학술대회장에서 다혈질의 모습을 자주 드러냈으며, 앤드류 애봇(Andrew Abbott) 또한 수업 시간에 학생들에게 독설을 퍼붓곤 했다. 비록 학문적으로는 가혹하리만큼 엄격했지만 인간

적으로는 따뜻했다는 평가도 물론 많다.

　3) 아무런 이유도 없다기보다 아마 사회학이 돈벌이 용도로는 적절하지 않아서 그랬을 것이다. 적어도 학부모 입장에서는 말이다. 사회학은 아니지만 인문학의 경우를 상정하고 다음의 일화를 참조하라. 그 자신 하버드대학에서 역사와 문학을 전공한 미국의 코미디언 코넌 오브라이언(Conan O'Brien)은 2011년 다트머스대학 졸업식장에서 학부모를 상대로 이렇게 말했다 "여러분의 자녀가 인문학이나 철학을 전공하셨다면 근심이 클 것입니다. 자녀분이 졸업장을 들고 정당하게 취직하려면 고대 그리스에나 가야 할 테니까요" (송혜진, "문송하지 않습니다", 〈조선일보〉 2024.10.19).

　4) 오늘날 사회학의 '명저'로 불리는 책들이 대부분 이들의 작품이다. 김진균 외(2012), 다케우치 요우(2010) 등 참조.

　5) mantra는 부처의 덕이나 가르침을 간직한 비밀의 진어(眞語)로서, 한문으로는 '만다라'(曼茶羅)로 음차(音借)된다. '거룩한 이야기'나 '옳은 말씀'이라는 의미이다.

　6) 이런 현실은 사회학에 국한된 일이 아니다. 이와 유사한 사례는 사회학 인근 학문에서도 관찰된다. 2000년대 초 미국 정치학계에는 통계분석 방법론에 매몰된 채 '사소한 문제' 혹은 별로 '그 해답을 알고 싶지 않은 문제'에 집중하고 있는 경향에 반대하며 이른바 '페레스트로이카 운동'이 벌어졌다. (Emily Eakin, "Political Scientists are in a Revolution Instead of Watching", 〈New York Times〉 2000.11.4. 볼 것). 이를 주도한 인물은 정치학자 제임스 스콧(James C. Scott)이었다. 그는 실증주의 논문으로 가득한 〈미국정치학회보〉는 자신의 경우 우편함에서 휴지통으로 직행한다고 고백했다(뭉크·스나이더, 2012a:276). 물론 그가 '미국정치학회보'를 없애자고 주장한 것은 아니다. 대신 제호를 〈실증정

치학회보(The Review of Positive Political Science)〉로 바꾸면 좋겠다는 제안이었다(뭉크·스나이더, 2012a:286). 전통적으로 인간의 합리성을 절대 신봉해 왔던 경제학에서도 반(反)주류 학술운동이 2000년대 초 유럽 및 미국에서 전개된 바 있다. '자폐적 경제학을 넘어서'(PAE, Post-Autistic Economics)라는 이름의 캠페인이었는데, 신고전경제학의 틀을 벗어나 경제학이 본연의 '양식(良識, sanity)과 인간주의(humanity), 그리고 과학(science)'을 회복할 필요가 있다는 취지였다.

7) 상징적인 사건이 2024년 11월 7-8일 양일간 열린 대구대 사회학과 장례식이다. 1979년에 설립된 대구대 사회학과가 45년 만에 문을 닫게 된 것을 '기념'하는 행사였다. 물론 이것이 사회학과의 위기를 의미하는지, 지방대의 위기를 뜻하는지는 좀더 따져봐야 할 문제다.

8) 사회학자 앤드류 애봇은 이를 '전문직화'(professionalization)로 개념화했다. 그는 전문직의 등장 과정을 해당 분야에서 공인된 핵심 지식 내용을 확정하고, 유사 직종에서 벌이는 경쟁이나 사회적 도전을 성공적으로 방어하며, 내부 구성원의 양성과 통제에 필요한 교육기관 및 사회적 제도를 갖추는 것과 같은 일련의 다층적 과정으로 설명한다(Abbott, 1991). 법률, 의료, 회계 분야가 대표적인데 미국의 경우 대개 19세기 말부터 20세기 초에 걸쳐 자리 잡았으며, 결과적으로 모든 전문직 조직은 서로 비슷한 구조와 외양을 갖추게 되었다. 예술계(art world)도 마찬가지다.

9) 이는 유럽에서 탄생한 고전사회학 주요 저술을 20세기 중반 미국 사회학계의 거장 탈콧트 파슨즈(Talcott Parsons)가 영어로 번역·해석하는 과정에서 더욱 심화되었다. 그의 구조기능주의(structural functionalism) 이론이 경험의 주체인 행위자를 주변화

하거나 부차적 요소로 취급하는 측면이 많았기 때문이다.

10) '지식의 저주'는 자신이 알고 있는 지식을 다른 사람도 당연히 알고 있을 것이라 생각하는 인식의 차이나 오류를 말하는 것으로 지식이 오히려 소통을 방해하는 현상을 일컫는다. 글을 어렵게 쓰는 전문가의 버릇이 일반사람으로부터 공감을 얻기 어렵게 한다는 의미다(Camerer·Loewenstein·Weber, 1989 볼 것). 예컨대 학자들은 "음식 섭취 정도와 체질량 지수 사이에는 유의미한 상관관계가 있다" 식의 현학적인 표현을 즐긴다. 그런데 이 말을 평범하게 바꾸면 "음식을 많이 먹을수록 살이 찐다"가 된다.

11) 사회학자 에드워드 실즈(Edward Shils)는 서적상의 중요성을 다음과 같이 표현한 적이 있다. "오로지 책과 함께 하려고 유리한 봉급을 기꺼이 포기하는 특별한 사람"으로서 그들은 "문화를 재생산하고 배분하는 독특한 역할을 수행하는 사업을 한다"(밀러, 2014:13 재인용).

12) 하버드 글쓰기의 요체로 알려진 것은 이른바 'OREO'(오레오) 공식이다. Opinion(의견 주장) → Reason(이유 대기) → Example(사례 들기) → Opinion(의견 강조)으로 이어지는 4단계다(송숙희, 2022:85-113).

13) 낸시 소머스 교수 인터뷰, "매일 10분이라도 글 써야 생각을 하게 돼", 〈조선일보〉 2017.6.5.

14) 몽테뉴의 『수상록』은 문학 형식으로는 산문이고 문체로는 에세이다. 몽테뉴에 대해 슈테판 츠바이크(2012)는 16세기 유럽의 종교전쟁으로 거리에 피가 흐르는 혼돈의 시대에 "자기 자신을 지킨다는 가장 높은 기술"을 연마하고자 했던, "양보할 수 없는 내면의 본질적인 자유"를 지키려 했던, "그 자신을 알아내기

위해 모든 것을 탐색한", "자신을 이해하기 위해 역사와 철학을 읽고, 다른 사람을 탐색하며, 그럼으로써 다시 자신을 질책한" 사람으로 평가했다. 20세기 유럽 휴머니즘의 상징적 작가인 츠바이크가 몽테뉴를 사유와 독서를 통해 '내적 성채'를 쌓아 올린 인물로 극찬한 배경은 나치즘에 의한 전체주의의 야만적 폭력이 고조되던 시대였다.

15) 특정한 형식에 얽매이지 않고 자유롭게 쓰인 산문을 우리는 흔히 '수필'이라 부른다. 이는 다시 경(輕)수필과 중(重)수필로 구분되는데, 상대적으로 전자는 주관적인 느낌이나 체험이 두드러지고 후자는 비교적 객관적이고 논리적인 스타일이다. 몽테뉴적 의미의 에세이는 이 가운데 후자에 해당한다고 볼 수 있다.

16) écrivain은 'auteur'와 구분된다. auteur는 기술적, 기계적으로 글을 쓰는 사람이라는 의미로 영어 author에 해당한다. écrivain은 영어 writer와 가깝다.

17) 영국에서는 엘리트가 아닌 보통 사람들이 이해할 수 있도록 글을 쓰는 것이 하나의 전통이다. 가령 학자들이 역사서술을 할 때 이야기의 구조를 어떻게 만들지 먼저 생각한다고 한다. 어떤 점에서 이는 소설가가 하는 것과 비슷한 작업이다 (김기철, 조너선 스펜스 예일대 석좌교수 인터뷰, "감동 가득한 중국의 속살…" 〈조선일보〉 2007.11.17).

18) 조닌(町人)이 에도시대에 갑자기 출현한 것은 아니다. 일본의 옛 수도 교토에는 '마치슈'(町衆)라는 그룹이 있었는데, 단순히 부를 축적한 사람들이 아니라 차도(茶道)나 꽃 감상, 와카(和歌) 등을 즐기는 나름 문화인이자 지식인이었다(스기모토 쓰토무, 1997:204-205). 조선의 경우 말기에 한양을 중심으로 '도성(都城)문화'를 발전시킨 이른바 '경화사족'(京華士族)이 이에 필적할지 모르

나, 역사적으로 계속 이어지지는 못했다.

19) 사실 일본의 출판문화가 우리나라 서점가에서 활황(活況)을
누린 지는 오래되었다. 일본 책이 번역을 거쳐 국내에서 계속 많
이 팔리고 있다는 말이다. 소설가 김원우에 의하면 "일본의 식자
들이 우리의 지식 전반을 깔보는 연원이 바로 여기에 있다"(김원
우, 2014:283). 일본의 세 가지 정신적 지주 가운데 하나로 출판사
가 포함된다는 야담(野談)도 있다. 도쿄(東京)대학과 아사히(朝日)신
문, 이와나미(岩波)출판사가 바로 그것이다(남재희, 2004:94 참조).

20) 에도시대 일본에는 사찰이 출판사를 겸하는 경우가 흔했
다. 참고로 조선시대 류성룡의 『징비록』이 1695년 일본에서 최
초로 출판된 곳도 교토(京都)시 가미교(上京)구에 소재한 사찰 이즈
모지야마토야(出雲寺大和屋)였다.

21) 일본에는 "편집자가 작가를 키운다"라는 말도 있다. 일본
에서는 인문사회과학 분야에서 박사학위를 취득하면 단행본으
로 출판하는 게 관행이며, '일본학술진흥회'가 이를 재정적으로
지원한다. 일본의 저명 출판사에서 책을 내는 일은 매우 어렵다.
그곳에서 책을 기획하고 제작하는 이들 가운데 많은 숫자가 명문
대 박사과정 탈락자 내지 포기자인데, 이들의 지적 수준이 저자
못지않게 대단히 높기 때문이다. 그 결과가 양서의 꾸준한 발간
이며, 주요 신문 1면에 매일 같이 신간 광고가 실리는 것도 같은
연유다. 이에 비해 우리나라에서는 인문사회과학 분야의 박사학
위를 취득한 다음 이를 단행본 출간으로 연결시키는 경우가 드물
다. 대신 우리는 취업을 위해 학위논문을 학계 저널에 투고하는
것을 급선무로 여긴다. 박사학위 논문을 '쪼개' 학술지 논문 여러
개로 만드는 관행도 다 알려진 비밀이다. 일본학술진흥회와는 달
리 한국연구재단의 박사학위 취득자 지원 정책도 도서 출판이나

독서진흥과는 거의 상관이 없다.

22) 상징적으로 세계적인 '읽자 거리'인 도쿄의 진보초(神保町) 일대를 지적할 수 있다. 이곳에서는 매년 봄·가을에 헌책 축제가 열린다.

23) 도쿄대학의 사례를 벤치마킹한 것인지는 몰라도 서울대 출판부에서도 『서울대 글쓰기교실 연구노트 총서』를 낸 적이 있다. 물론 없는 것보다는 백번 낫지만, 학문과 지식, 그리고 사회에 대한 전반적인 문제의식의 발로라기보다 다분히 글쓰기 '기법'에 집중된 대증적(對症的) 접근이라는 인상이 짙다. 한편 2025년부터 서울대는 신입생을 대상으로 글쓰기 시험을 의무화했다. 오지선다형 객관식 시험에 익숙해지고 논술까지도 '외워 쓰기'를 한 결과 글쓰기 실력이 너무나 저하되어 있다는 판단의 결과이다. 교육 대상에는 대학원생도 포함된다고 한다(강지은·장윤·박정훈, "서울대생 문학 리포트에 '인물이 멘붕' 'ㅠㅠ'", 〈조선일보〉 2024.12.3).

2장

24) 글쓰기가 직업에서 '취미'로 바뀌고 있다는 징후가 늘고 있다. 영국의 작가저작권협회(Authors' Licensing and Collecting Society)에 의하면 2006년부터 2022년 사이 작가들의 평균수입은 60% 감소했다고 한다. 전업 글쓰기로 적정 수입을 유지하는 작가 비율도 40%에서 19%로 줄었다(다니엘 튜더, "소설 읽기 계속되길", 〈조선일보〉 2024.11.21). 하긴 사회적 영향력의 측면에서는 30초짜리 유튜브 '쇼츠'(shorts)가 더 클 수도 있는 것이 요즘 세상이다.

25) 영국의 정치학자이자 역사학자인 베네딕트 앤더슨(Benedict Anderson, 1983)에 의하면 민족은 실체로서 존재하는 것이 아니라 '상상의 공동체'(Imagined Community)이다. 그리고 이를 가능하게 만드는 핵심 요인 가운데 하나가 '공통언어'의 탄생과 보급이다. 국어라는 이름의 공통언어는 영토 내 모든 사람을 지역이나 인종, 계급을 넘어 일정한 정치적 정체성으로 묶는 데 매우 효과적이다.

26) 문해력 훈련에 있어서 최대의 적은 '요약하기'라는 주장은 이런 점에서 설득력이 높다(정여울, "문해력의 요체는 읽고 또 읽고" 〈중앙선데이〉 2022.4.23). 칼럼니스트 조용헌은 "IT 시대에는 단문(短文)과 두괄식(頭括式)"이 제격이라 주장한다(〈조선일보〉, 2021.11.22). 잠정적 결론을 곁들인 서론을 강력하게 앞세우라는 이른바 '다이아몬드 글쓰기' 권고도 같은 맥락이다(유세환, 2015).

27) 파워포인트는 젊은 세대 사이에 '파포'로 약칭된다. 사실 파워포인트는 마이크로소프트가 만든 고유명사 제품 이름인데, 보통명사처럼 통용되고 있는 것이다. 모든 접착테이프를 '스카치테이프'로, 모든 스테이플러를 '호치키스'라 부르는 것처럼 말이다.

28) 이형기, "개조식 유감", 월간 〈청년의사〉 2012년 11월호

29) 아마존이나 도요타같은 글로벌 기업만이 아니라 국내에서도 현대카드나 KB 국민은행 등에서 PPT 퇴출 운동을 벌이고 있다. 2010년 스위스에서는 '반(反)파워포인트당'(APPP, Anti Power Point Party)까지 등장했다(김순덕, "반(反)파워포인트당" 〈동아일보〉 2011.07.20). 하지만 이러한 현상은 전통적 글쓰기의 중요성을 각성한 결과라기보다는, PPT 프레젠테이션이 애초의 기대보다 업무의 효율성을 높이지 않는다는 평가에 의한 것이다. 곧, 대면

(對面) 커뮤니케이션의 집중도를 높이고 사람 중심의 회의 문화로
되돌아가는 것이 조직에 더 큰 도움이 된다는 판단을 반영한 결
과다.

30) 예컨대 '-음'이나 '-임', '-함' 등으로 끝나는 말. '많음' '움
직임' '초라함' 같은 것이 보기이다. 이러한 개조식 문체는 오늘
날 점점 더 일상화되고 있다. 가령 지하철 승강장에서 흔히 마주
하는 '발 빠짐 주의'처럼 말이다. '발 빠지지 않게 주의'가 자연스
러운 우리말 아닐까?

31) 이어령 전(前) 문화부 장관이 "명사로 생각하지 말라"라고
한 까닭은 심리학자 김경일 교수의 말마따나 "명사는 인간이 생
각의 양을 줄이려고 만든 독특한 품사"이기 때문이다(김희균, "동사
로 말해 달라" 〈동아일보〉 2022.3.31).

32) 박돈규, "묵묵히 일하는 세상의 동사들에게" 〈조선일보〉
2021.10.8.

33) 그는 이렇게 썼다. "달리 표현하면 부사는 민들레와 같다.
잔디밭에 한 포기가 돋아나면 제법 예쁘고 독특해 보인다. 그
러나 이때 곧바로 뽑아버리지 않으면 이튿날엔 다섯 포기가 돋
아나고…그 다음날엔 50포기가 돋아나고…. 그러다 보면 여러
분의 잔디밭은 철저하게(totally), 완벽하게(completely), 어지럽게
(profligately) 민들레로 뒤덮이고 만다. 그때쯤이면 그 모두가 실제
그대로 흔해 빠진 잡초로 보일 뿐이지만 그때는 이미 으헉!! 늦어
버린 것이다"(킹, 2013:151). 작가 김훈 역시 형용사와 부사를 멀리
한다. (김훈, "글쓰기 핵심은 형용사·부사 죽이기", 〈월간 시인〉 2014년 4월
호). 자신이 형용사를 싫어하는 것은 사물을 형용할 수 있는 단어
가 없기 때문이라고 한다. 형용사는 사물의 본질을 설명하기보다
사물을 꾸미기만 할 뿐이라는 것이다. 그가 '아름다운 강물'이라

고 쓰는 대신, 강물이 흘러가는 소리나 움직임, 빛 등을 묘사하는 데 주력하는 것은 이 때문이다.

34) 우리말에서 부사 비율은 전체 어휘의 3.52%로서 명사 65.82%, 동사 13.43%에 이어 세 번째로 많다. 2만여 우리말 부사만을 모은 최초의 사전으로 백문식, 「우리말 부사 사전」 도서출판 박이정, 2010 참조.

35) 임지선, "기자는 AI와 경쟁해야 할까…6가지 문체로 10초만에 기사 뚝딱", 〈한겨레〉 2024.2.5. 이와 관련된 보다 본격적인 논의로는 이현택·김재희(2025) 참고. 이와 관련하여 언론학자 윤석민은 '신문사 편집국의 이원화'를 제안한다. 속보·스트레이트 부서와 기획취재 부서로 나누어 후자에게 심층적 글쓰기를 맡기는 것이 이른바 '퀄리티 저널리즘(Quality Journalism)으로 가는 길이라는 주장이다(윤석민 인터뷰, "유튜브 맞서려면 퀄리티 저널리즘이 해법", 〈문화일보〉 2025.7.9).

36) 조성호·홍민지, "글로벌 새 논문 10%, AI 도움 받아…중(中)은 3분의 1", 〈조선일보〉 2024.7.19. AI가 써주는 논문을 반드시 부정적으로 볼 필요는 없다는 반론도 있다. 기존의 학술 저널들이 영어 원어민에게 유리한 점을 감안할 때 영어 때문에 어려움을 겪는 비영어권 학자들에게는 다른 생산적인 연구 활동에 집중할 수 있는 기회가 주어진다는 이유에서다.

37) 송혜진, "AI가 생성한 논문, 24-36%가 기존 논문 아이디어 사실상 차용", 〈조선일보〉 2025.8.22.

38) 논문 형식에 의한 글쓰기 획일화의 역설이랄까, 혹여 표절을 쉽게 잡아낸다는 장점은 있는지 모르겠다. 턴잇인(Turnitin)이나 카피킬러(Copykiller) 같은 표절 적발 장치(Plagiarism Detection

Tool)는 목차, 제목, 서문, 본문, 결론, 각주, 참고문헌 등으로 논문 양식이 표준화·구조화되어 있기 때문에 작동하는 것이다. 최근에는 인간이 아닌 AI가 논문표절을 식별하는 일도 많아졌다. 홍규락, "생성형 AI가 글 쓰는 과정 역 이용… AI가 표절 잡아낸다", 〈조선일보〉, 2024.9.20.

39) 글의 분량을 일정하게 규정하는 것에 관련하여 소설가 안정효(2006:18)는 이런 말을 한 적이 있다. "작품은 스스로 끝나야 한다. 지정된 매수로 끝나는 작품은 타살이다".

40) '나'라는 주어를 사용하면 연구자의 생각, 감정, 판단 등을 드러내기 쉬워진다. 이를 통해 연구자는 논문에 자신의 위치와 편견을 드러내고 논문을 통해 제시하는 주관적 이해가 객관적 진리가 아님을 분명히 할 수 있다(주형일, 2011:154).

41) 에세이식 글쓰기와 관련된 짐멜의 제도권 학계 내 위상은 사실 '닭이 먼저냐, 달걀이 먼저냐'라고 하는 측면이 있다. 에세이 때문에 주변부 학자가 된 것이 아니라 주변부 학자여서 에세이를 쓸 수밖에 없었다는 주장이다. 어쨌든 비록 주류 학계는 그를 외면했지만 그의 강의나 강연은 일반 청중으로부터 큰 인기를 끌었다. 사회학의 거장 막스 베버가 질투를 느낄 정도로 말이다 (짐멜, 2005:277).

42) 트락타트는 "자신의 권위에 입각해 자기주장을 하지 않으며, 수학적 증명이라는 강제 수단도 거절"한다. 대신 그것은 인용과 메모를 통해 사유의 우회로를 제시한다. 트락타트적 글쓰기는 학자적인 것과 예술적인 것의 결합을 통해 진리가 스스로 자신을 드러낼 수 있도록 한다(권용선, 2009:95-96). 트락타트는 라틴어 tractatus를 어원으로 갖고 있는데 그 뜻은 '어떤 주제를 다루다, 논하다'라는 것이다. 학술 논문과 일단 단행본의 중간 형태쯤

되는 트락타트는 우리말로 '논고'로 번역된다. 루드비히 비트겐슈타인(Ludwig Wittgenstein)의 『논리철학 논고』(Tractatus Logico-Philosophicus)처럼 말이다. 한편, 논문 형식에 대한 벤야민의 거부감은 근대 소설에 대한 비판으로 이어진다. 그는 전통사회가 갖고 있던 구술 '이야기꾼'의 '이야기 기술'을 높이 평가한다. '경험'의 '전승'을 통해 '공동체'에 이바지한다는 이유에서다. 이에 반해 근대 소설은 고립된 개인이 만들어내는 완결된 텍스트로서, 독자가 끼어들 틈을 거의 남기지 않은 채 서사의 상상력을 갖지 못한다고 생각한다(벤야민, 2025 참고).

43) 우리 역사에 이와 관련된 대사건이 하나 있다. 정조의 '문체반정'(文體反正)이 바로 그것이다. 빌미를 제공한 쪽은 박지원(朴趾源)과 강이천(姜彝天), 이옥(李鈺) 등이었다. 이들은 자유로운 상상력과 사실주의적 관찰, 대담한 비유 등을 구사하는 이른바 패관문체(稗官文體) 혹은 소품문(小品文) 스타일을 즐겼다. 여기에 칼을 빼든 것이 정조였다. 정조는 "소품을 읽다 보면 경학을 벗어나게 되고, 그러다 보면 윤리를 무시하게 되어 마침내 삿된 학문에 물들게 된다"는 이유를 들었다(고미숙, 2003:111). 정조는 문체를 하나의 '국가장치(state apparatus)'로 생각한 것이다. 이는 성리학적 이상주의에 반기를 든 조선시대의 새로운 지식계층을 상대로 한 "철저한 사상 통제요, 문화적 헤게모니의 장악을 위한 '문화투쟁'"이었다(백승종, 2011:12).

44) 학계는 기본적으로 이견(異見)을 먹고 자란다. 왜냐하면 바로 그것이 사실과 진리를 찾아가는 지적 원동력이기 때문이다. 학술토론회에서 진행자를 사회자(MC, Master of Ceremony)가 아닌 '중재자'(moderator)라고 부르는 것은 이 때문이다. 원칙적으로 학회는 덕담을 나누는 자리가 아니라 서로 싸우는 무대다.

45) 콜린스에 의하면 지식 발전으로 나아가는 동서양의 길은 서로 달랐다. 서양, 특히 고대 그리스와 중세 유럽에서는 학자들이 서로 논쟁적이고 대립적인 네트워크 속에 활동했고 학파 간 지적 경쟁도 뜨겁게 벌어졌다. 콜린스는 이와 같은 격한 '감정 에너지'(emotional energy)야말로 창의성의 원천이라 생각했다. 이에 반해 동양에는 이런 것이 없었다. 중국과 인도는 연속적이고 안정된 사제(師弟)관계나 도제(徒弟) 시스템에 가까웠으며, 그 결과 비판과 반(反)비판을 변증법적으로 진행하기보다 고대인들의 지식을 반복적으로 재생산하는 데 그쳤다(Collins, 1998:379-383). 송복(2011:178)에 의하면 한자문화권의 지식인, 곧 전통적 선비는 "도대체 반기(反旗)를 들거나 법외(法外)의 발상을 할 줄 몰랐다". 일종의 '알고리즘(algorism) 세상'을 산 것이다. 사실 동양의 학문은 유교의 핵심 문헌인 『논어』와 『맹자』, 『중용』, 『대학』에 각각 실린 11,700자, 34,700자, 3,600자, 1,750자 정도, 도합 57,150자 내외에서 동어반복식으로 맴돌았다고 해도 과언이 아니다. 고전 학문에 대한 존경은 중국이 유럽을 확실히 앞섰다. 유럽의 지식인이 아리스토텔레스와 프톨레마이오스(2세기 로마의 천문학자, 지리학자, 수학자, 점성술사), 갈레노스(2세기 로마의 의사, 해부학자, 철학자)에게 했던 일을 명·청 시대 중국의 지식인은 자신들의 제국이 점차 사그라지는 19세기가 끝나갈 무렵까지 공자와 맹자 그리고 순자에게 차마 하지 못했다(모키르, 2018:436).

46) 모키어와 모키르는 동일 인물이다. 일반적으로 모키어라 불리는데, 국내 번역본에는 모키르라고 되어 있다.

47) 조선시대에도 선비들 사이에 서신 왕래가 있긴 있었다. 대표적으로 이황(李滉)과 기대승(奇大升) 사이의 사단칠정(四端七情) 논변 서간, 이이(李珥)와 제자들 사이의 편지, 정약용(丁若鏞)의 유배지 서한 등이 있다. 이 가운데 학문적인 내용이 물론 있긴 했지만

성리학 범위 안에서 논쟁하는 정도에 그쳤으며, 대부분은 정을 나누거나 정치적 목적을 띤 것이었다. 서구의 편지공동체처럼 수평적 지적 공동체를 구성하지는 못했고 창의적 지식 생산에도 기여하지 못했다.

48) 지식인을 독서와 저술에 집중하는 고독한 모습의 내향적 존재로 보는 이미지는 최근의 것이다. 고대와 중세의 지식인들은 일반적으로 대면 토론에서 명성을 쌓기도 하고 잃기도 했다. 그들은 자신을 지식인으로 만들어주는 힘이 다름 아닌 지식인들로 구성된 연결망이라는 사실, 그리고 자신이 그 속에서 나름의 입지를 구축하려면 다른 지식인들과 대립적 입장을 취해야 한다는 사실을 매우 잘 알고 있었다(콜린스, 2009:466-467).

49) '보이지 않는 대학' 개념의 원조는 Crane(1972)이다. 문화사회학자이자 과학사회학자인 그녀는 과학적 지식은 개인이 아니라 집단 속에서 창출되고 전파된다고 주장했다. 연구자 네트워크, 핵심 연구자의 영향력, 연구 주제의 유행과 전파, 학자들 사이의 비공식적 교류 등이 또 다른 의미의 대학이라는 취지다.

50) 1660년 영국에서 과학자들을 중심으로 런던 왕립 학회가 탄생했고, 이후 프랑스에는 1666년 파리 과학 아카데미가 만들어졌다. 1700년에는 베를린 아카데미가, 1724년에는 러시아에 상트페테르부르크 아카데미가, 1786년에는 스웨덴 왕립 아카데미가 설립된다. 스웨덴 왕립 아카데미가 현재 노벨상 수상자를 선정하는 스웨덴 한림원이다. 학문이 학회를 통해 제도화되는 양상은 상대적으로 학계의 후발주자인 사회학의 경우에도 여실히 드러난다. 이른바 고전사회학자 3인방 가운데 하나인 막스 베버는 1872년에 창립된 독일 사회정책학회의 중심 회원이었고, 1909년에는 짐멜, 퇴니스 등과 함께 독일사회학회의 결성을 주

도했다. 에밀 뒤르켐은 1898년 〈사회학연보〉를 직접 창간했는데, 이는 사실상 학회 역할을 수행했고, 프랑스 사회학회는 나중에 생겨났다. 한편 칼 마르크스는 전통적 의미의 학회 활동을 거의 하지 않았다. 대신 그는 제도권 바깥에서 비공식적 네트워크를 통해 학문과 정치 행위를 병행했다. 마르크스가 활동했던 시기에는 사회학이라는 이름조차 없었으며, 베버와 뒤르켐의 학회 조직화에 의해 사회학이 점차 자리를 잡아가게 된 것이다.

51) 1665년 1월 최초의 학술 잡지 〈주르날 데 사방(Journal Des Savants)〉이 프랑스에서 출간되기 시작했다. 두 달 뒤 영국에서는 런던 왕립 학회의 저널 〈철학회보(Philosophical Transactions)〉가 탄생했다. 〈철학회보〉는 360여 년이 지난 지금도 간행되고 있어 현존하는 세계에서 가장 오래된 학술 저널이다. 이러한 '편지 공화국' 전통에 따라 현재에도 유수 학술지 제목에는 'Letters'나 'Communications' 같은 어휘적 유산이 남아 있다.

52) 〈한국사회학회보〉의 경우 원고 작성에 관련하여 원고 분량, 글자 크기, 폰트, 줄 간격, 여백 주기, 본문 서술 세부 순서, 참고문헌 표기 방법, 표 및 그림 작성 방식 등을 매우 상세하게 규제하고 있다. 이와 같은 형식적 요건을 충족하지 않으면 원고는 아예 접수조차 되지 않는다.

53) 이 대목은 예술과 학문의 차이를 역설하는 막스 베버를 떠올리게 만든다. 그에 의하면 "진실로 '완성'된 예술품"은 능가 되지도, 낡아버리지도 않는 데 비해 "학문에서는 자기가 연구한 것이 10년, 20년, 50년이 지나면 낡은 것이 되어 버린다는 사실을 우리 모두는 알고 있"다. 이것이 바로 학문 연구의 운명이자 목표라는 것이다. "학문상의 모든 '성취'는 새로운 '질문'을 뜻"한다는 의미다(베버, 2006:41).

54) 학회를 구성하면서도 의도적으로 제도권 진입을 거부하는 경우도 있다. 이들은 출판 등 성과 중심의 현행 평가체제를 비판하고 탈분과적 접근을 지향하며 학회를 연구자 중심의 공동체로 운영하고자 할 뿐 아니라 지식의 문턱을 낮춰 대중적 접근성을 높이고자 하는 특징을 보인다. 예컨대 우리나라에서는 '수유너머'나 '다중지성의 정원', '감이당' 등이 있다.

55) 'Publish or Perish'는 사회학자 Clarence M. Case, "Scholarship in Sociology", 『Sociology and Social Research』 vol. 12 (1927)에서 처음 등장한 것으로 알려져 있다 (Charles C. Doyle, Wolfgang Hieder, Fred R. Shapiro, 2012:209 볼 것). 한편 최근에는 'Publish and Perish'라는 말도 유행하고 있는데, 이는 논문을 아무리 많이 써도 학계에서 도태된다는 냉소적 의미이다.

56) '연구 품앗이'란 연구에 동참하지 않는 사람을 선심으로 연구자 명단에 끼워주는 것을 말하는데, 많은 경우 상대방으로부터 직간접적으로 이익을 취한다. 서로서로 연구자 이름을 챙겨주는 것이다. 최근 공저가 늘어나고 공저자의 수가 크게 증가하는 것은 이 때문이다.

57) '약탈적'이라는 말은 제대로 심사는 하지 않고 고액의 심사비 혹은 게재료만 받아 챙긴다는 의미다. 널리 알려진 사건은 2018년 '세계과학공학기술학회'(WASET)가 주최한 가짜 국제학술대회에 700명이 넘은 한국의 대학교수와 연구소 연구원이 정부 지원 연구비를 내고 참여한 일이다(강홍준, "99달러 내면 영어논문 - 가짜 학술지 유혹에 빠진 교수들", 〈중앙일보〉 2018.9.8-9).

58) 논문인용 색인은 교수들이 종신 재직권이나 따게끔 설계된 '루브 골드버그 장치'(Rube Goldberg Machine)에 비유되기도 한

다(뭉크·스나이더, 2012a:279-280). 그것의 생김새나 작동 원리는 아주 복잡하고 매우 거창하지만, 정작 하는 일은 아주 단순하고 재미만을 추구하는 매우 비효율적인 기계라는 의미다.

59) 우리나라의 경우에도 한국연구재단이 국내 학술논문의 인용 현황을 조사한 바에 의하면 2020-21년에 발행된 인문학 분야 논문 3만 5천 편 정도의 91%가 발행 후 1년 동안 한 번도 인용되지 못했다. 사회과학의 경우도 비인용이 85% 정도였다 (윤상진, "'아무도 안 보는 논문' 늘어…91%가 피인용 '0'" 〈조선일보〉 2024.7.1).

60) 국내 대학 사회학과의 많은 교수들이 이른바 '유학파'라는 점도 이와 같은 문제에 간접적으로 관련되어 있다고 볼 수 있다. 그들 가운데 상당수가 학문적 글쓰기를 영어와 같은 외국어로 익히기 시작했을텐 데, 우리나라 대학에서 다시 한글로 논문 지도를 해야 하는 상황이 발생한 것이다.

61) 1971년에 설립된 한국사회과학협의회는 비영리 민간학술 단체이다. 한국사회학회도 여기에 참여하고 있다. 미국에도 사회과학연구협의회(Social Science Research Council, SSRC)가 있다. 한국사회과학협의회가 국가 연구비를 직접 배분하지는 않는다. 하지만 정부로부터 상당한 재정 지원을 받는 준국가기구임은 분명하다. 학회장 또한 사회과학 관련 여러 학회가 '돌아가며' 맡는 게 관행처럼 되어있다.

62) 등재지(accredited journal)와 유사한 개념은 일부 외국에도 있긴 하다. 하지만 우리나라처럼 기관(한국연구재단)을 앞세워 국가가 논문 품질 인정 제도를 직접 관장하는 경우는 거의 없다. 우리나라의 학술 저널은 '미등재', '등재후보', '등재', '우수등재' 등 단계별로 강제 분류된다. 대다수 나라에서는 정부가 아닌 대학, 연구기관, 출판사 혹은 글로벌 색인 서비스 공급자(예컨대

Scopus)가 이 역할을 한다.

　63) 전상인, "대학평가, 독 아닌 약이 되려면", 〈조선일보〉 2024.12.10. 최근 국내외에서 평가를 거부하는 대학들의 움직임이 확산되고 있다. 미국의 경우 오바마 행정부는 대학평가와 관련하여 새로운 제안을 한 적이 있다. 기존의 평가 모형 대신 국가적인 연구우선 순위나 중산층의 경제적 여건을 감안한 학비의 적절성, 빈곤층과 소수계층 학생 비율, 취업률 등을 크게 반영한 내용이었다. 오바마가 제안한 새로운 순위 집계 시스템은 대학총장들의 반발로 불발됐다. 하지만 실패가 오히려 더 좋은 효과를 낳았는데, 미국 교육부는 웹사이트를 통해 대학 순위 대신 막대한 기초 데이터를 공개함으로써 학생들이 각 대학의 장단점을 직접 찾아볼 수 있게 만든 것이다. 참고로 우리나라 교육부 홈페이지에는 이런 자료도 없다.

3장

　64) 작자 미상의 시 「수업」을 보면 예수의 의도가 잘 드러난다. 어느 날 예수께서 제자들을 산으로 데리고 올라가 곁에 둘러앉히시고 행복의 의미를 가르쳤다. "그러자 시몬 베드로가 이렇게 말했다/그 말씀을 글로 적어 놓으리까?/그러자 야고보가 말했다/그걸 갖고 우리끼리 시험을 쳐볼까요?/…/그리고 바돌로메가 말했다/우리가 이 말씀을 다른 사람에게 전해 줘야 할까요?/…/그리고 그 자리에 있던 바리새인 하나는/예수에게 수업 계획서를 보여 줄 것을 요청하면서/그 가르침의 최종적인 목표가 무엇이냐고 물었다/…/그러자 예수께서는 우셨다"(류시화, 2014:72-73).

65) 이런 맥락에서 르페브르는 모세의 십계명 문자판을 비판적으로 해석한다. 모세가 여호와의 손으로 쓰인 십계명을 백성들에게 보인 행위는 '신비화에 의한 속임수'였다는 것이다. 곧, 이 사건 이후 '단단하고 차가운 돌' 위에 글씨로 옮겨진 신의 말씀이 곧 '진리'가 되었으며 결과적으로 그 이후 신은 계속 '침묵 중'이라는 것이다(르페브르, 2005:287).

66) 글쓰기에 관한 자신의 입장을 대담을 통해 밝힌 것으로 푸코(2021) 참조.

67) 라틴어 'scribere'는 본래 긋다, 파다, 깍다, 표시하다 등과 같은 뜻을 갖고 있다. 글은 쓴다는 것은 무언가를 보고, 느끼고, 생각한 다음 그것을 남겨 흔적을 표현하려는 인간 고유의 본능으로 이해된다. 곧, 자신의 유한성을 의식한 다음, 같은 공간과 같은 시간에 있지 않는 사람에게 자신의 세계 체험을 전달하고 싶은 마음이 글쓰기의 기원이라는 것이다(하병학, 2009). 참고로 호모 스크리벤스에는 다른 의미도 있다. 우선 중세 유럽에서는 필경사를 그렇게 불렀다. 또 다른 뜻은 SNS나 블로그, 댓글 등 디지털 미디어의 확산에 따라 현대는 누구나 쉽게, 편히 글을 쓰는 시대가 되었다는 것이다.

68) 본명이 Eric A. Blair였던 조지 오웰은 1936년을 전후로 '사회에 대해 할 말은 하는' 작가로 자신을 규정했다. 그해 오웰은 영국 랭커셔와 요크셔 탄광 일대에서 대공황 시대 노동자들의 삶의 직접 취재한 끝에 『위건 부두로 가는 길』(The Road to Wigan Pier)을 출간하였고, 스페인 내전에 참전하기도 했다. 그에게 있어서 정치적 글쓰기란 결코 당파적 선전이 아니라 사실을 밝히고 진실을 드러내는 '세상과의 싸움'을 의미했다.

69) 한글의 경우 타자기를 통한 글쓰기의 기계화 과정에서 어

려움이 많았다. 서양식 타자기에 적응하기 위해 한글의 '풀어쓰기'가 도입되었는가 하면, '모아쓰기'를 시도하면서 자판 배열의 방식을 둘러싼 난관이 발생하기도 했다(김태호, 2023:67-69). 그러나 1980-90년대 컴퓨터의 발전으로 이 문제는 소프트웨어상의 처리만으로 간단히 해결되었다. '풀어쓰기' 방식으로 찍으면 자동으로 '모아쓰기' 형태로 만들어주기 때문이다. "컴퓨터는 그야말로 한글을 위해 태어난 것이나 마찬가지"라는 평가는 이래서 나온다(노마 히데키, 2011:348-352).

70) 국제문해상에는 1989년부터 대한민국 정부가 후원하는 '세종대왕 문해상'(King Sejong Literacy Prize)이 포함되어 있다.

71) 학교에서 시험 답안지를 쓸 때 학생들이 '볼펜 돌리기'를 하는 것도 그 일환이다. 시중에는 돌리기 '전용펜'도 나와 있다.

72) 교보문고는 매년 손글씨대회를 여는데 응모자가 2016년에는 3,479명이었다가 2025년에는 7만 5,134명으로 20배 늘었다고 한다(어수웅, 「디지털 세상 손글씨의 반격」, 〈조선일보〉 2025.11.24). 고가의 노트수첩 '몰스킨'(Moleskine)이 글로벌·디지털 시대를 살아가는 '현대 유목민'을 대상으로 시장에서 대박을 터뜨린 것도 손글씨 열풍의 징후다. 몰스킨은 '창조의 조력자'이자 '신분의 상징'처럼 되었다(앨런, 2025:12-24). 물론 여기에도 비판적 시선은 있다. 손글씨 운동은 연필과 펜, 종이 등의 소비를 촉진하기 위한 필기구 업계의 마케팅이라는 것이다. 예컨대 일본의 대표적 필기구 기업 가운데 하나인 '제브라'의 이시카와 신이치(石川眞一) 사장은 필기구로 글씨를 쓸 때와 디지털 장비로 글씨를 쓸 때 사용하는 뇌의 부위가 전혀 다르다고 주장한다(〈조선일보〉, 2020.11.2. 볼 것).

73) 우리나라 문단에서는 작고한 작가 최명희와 더불어 소설

가 김훈이 대표적이다(김훈, 〈연필로 쓰기〉 문학동네, 2019 참고). 심지어 김훈의 서체는 폰트화되어 현재 무료로 보급되고 있다. 손글씨를 좋아하는 사람들은 특정 필기류에 집착하는 경향이 있다. 김훈 작가는 독일제 '스테들러 점보'(STAEDTLER JUMBO) 연필을 애용하는 것으로 알려져 있다. 스테들러 코리아는 2019년 7월 '김훈 연필' 한정판을 증정하는 프로모션을 진행하기도 했다(〈서울경제〉, 2019.7.10). 연필보다 더 일반적인 경우는 만년필 사랑에 빠지는 것이다. 다양한 '만년필 동호회'의 존재가 이를 방증한다. 만년필을 좋아하는 사람은 아날로그적 '수고로움'을 오히려 매력으로 친다. 마음에 드는 만년필을 찾아내는 것도 그렇거니와 그것과 궁합이 맞는 종이나 잉크를 발견하는 일까지도 사서 즐긴다(박종진, 2024:138-143).

74) 손글씨는 고유의 필적을 남기는 데, 이는 글을 쓴 사람의 정체성과 진실성을 확인하는 데 유용하다. 디지털 시대를 맞이하여 아무리 키보드나 컴퓨터, 터치스크린이 손을 대신해도 아직 손으로 하는 '서명' 관행이 남아있는 사실이 이를 방증한다. 물론 손글씨와 기계글씨의 중간쯤 되는 '전자서명'이 새로운 대세이긴 하지만 말이다. 미국에서 '진실하고 당당하고 멋진' 서명의 대명사는 존 핸콕(John Hancock)이다. 그는 매사추세츠 초대 주지사였는데 1776년 7월 4일, 56인의 식민지 대표가 미국 독립선언서에 서명할 때 가장 앞장섰다. 그는 영국의 조지 3세 국왕이 안경을 끼지 않고 읽을 수 있도록 자신의 서명을 크고 대담하게 썼다고 한다. 오늘날에도 미국에서는 '여기 서명하세요'라는 말을 'Put your John Hancock here'라고 표현하기도 한다. 매년 1월 23일, 미국의 '국가 손글씨의 날'(National Handwriting Day)은 존 핸콕의 생일을 기념하기 위해서다. 손글씨가 애용되는 구체적 상황도 적잖이 존재한다. 지금까지도 사람들은 '본능적으로'

손글씨를 먼저 쓰는 버릇이 있다. 가령 인쇄된 정식 안내 표지 옆에 손으로 쓴 비공식적 표지가 급한 메시지를 더 잘 전달한다. 메모지에 손으로 '출입 전 노크를', '고장 중', '수리 중', '잠시 뒤에 돌아옵니다'라고 써서 문이나 벽에 붙이는 것이 시선을 끄는 데 보다 유리하기 때문이다. 노숙자의 구걸함(函) 경우에도 손글씨가 훨씬 더 효과적이라고 한다. '착취당한 끝에 실업 중' '심장 수술을 했습니다' '우리 애기가 많이 아픕니다'라는 문구는 손글씨로 쓰여야 사람들의 동정을 훨씬 더 잘 유발한다는 것이다(비아세톤, 2022:10, 19-20, 85-83). "엄마, 아빠 사랑해요"라는 문구를 자녀가 손글씨로 써서 카드에 담는 것이 기계글씨의 경우에 비해 훨씬 감동적인 이유도 같은 맥락일 것이다.

　75) 글쓰기의 회화성과 관련하여 서동욱은 '쓰는 행위'를 농부의 '밭 가는 행위'에 비유한다. 사람들이 원형이나 세모꼴이 아니라 왼쪽에서 오른쪽, 혹은 오른쪽에서 왼쪽으로 나가는 직선의 형태로 글을 쓰는 것은 글쓰기가 농경과 더불어 시작되었기 때문이라고 말한다. 직선으로 나가는 글쓰기의 본질은 바로 직선으로 밭을 갈고 지나가는 소의 움직임으로부터 탄생했다는 것이며, 이에 "글의 공간성은 아름답다"는 주장이다(서동욱, 2005:282). 아닌 게 아니라 동아시아 한자문화권에는 글쓰기를 붓으로 밭을 간다는 의미의 필경(筆耕)이라 표현하기도 한다. 참고로 우리나라에는 '필경사'(筆耕士)라는 이름의 국가직 공무원도 있다. 총리실 산하 인사혁신처 소속인데, 대통령 명의의 임명장 작성, 대통령 직인·국새 날인 등이 주요 업무다. 이 보직이 존재하는 이유는 공직자들이 손글씨로 쓰여진 임명장을 선호하기 때문이라는데, 현재 심각한 구인난을 겪고 있다고 한다(박돈규, "필경사를 찾습니다", 〈조선일보〉 2023.12.2). '필경사'(筆耕舍)라는 말도 있는데, 이는 '상록수'를 쓴 소설가 심훈이 1934년 자신의 고향인 충청남도 당진에 직접

지은 초가집의 이름이기도 하다(임창복, 2023 참조).

76) 우치다 다쓰루에 대한 개략적 소개는 박동섭, 2022 참조. 그는 사상가, 사회학자, 교육자, 평화주의 운동가 등으로 널리 알려져 있지만 자신을 '무도가'(武道家)로 소개하는 것을 가장 좋아한다고 한다(구둘래, "무도 철학 우치다 다쓰루", 〈한겨레〉 2025.6.4).

77) 우치다 다쓰루에 의하면 글쓰기에 몰두하다 보면 '아카데믹 하이'(academic high)를 경험한다고 한다. 마라톤 선수들이 일정 시간 이상 달리면 몸이 가벼워지고 머리가 맑아지면서 경쾌한 느낌까지 든다는 이른바 '러너스 하이'(runner's high)에 필적하는 경지다(우치다 다쓰루, 2018:218).

78) 구조주의는 언어나 문학, 신화, 친족, 무의식 등 인간사회의 여러 제도에서의 '영도'(零度, zero degree), 곧, '가공하기 이전 상태'를 탐구한다. 이때 분석의 초점은 개체 자체가 아닌 개체 사이의 관계에 주어진다. 구조주의 창시자인 스위스 출신 언어학자 페르디낭 드 소쉬르(Ferdinand de Saussure)에 의하면 "언어가 생기기 전에는 아무것도 존재하지 않았다". 명명되기 전에 그것은 그냥 거기 있었을 뿐 그 사회에 실재하지 않았다는 말이다. 한편, 푸코는 소쉬르의 언어학적 구조론을 사회적 차원으로 끌고 나왔다. 그에 따르면 현재 우리가 보고 있는 것은 원래부터 있었던 것이 아니며, 현재 살고 있는 사회는 과거부터 지금까지 계속해서 있었던 것이 아니다. 인간 사회에 존재하는 모든 사회 제도는 어느 시점에 역사적으로 탄생한 것이지, 그 이전에는 존재하지 않았다는 말이다. 푸코는 지식의 언어적 구성과 그 객체화 과정을 분석하면서 한 시대가 '참'이라 받아들이는 지식은 그 시대가 공유하는 무의식적인 사고체계, 곧 에피스테메(episteme)가 결정한다고 보았다. 우리는 특정한 시대에 특정한 방식으로 사유하

고 말하고 분류할 뿐이라는 것이다(푸코, 1992). 푸코가 이를 '지식의 고고학'이라 표현한 것은 역사의 영속성과 진리의 불변을 믿는 플라톤의 주장을 반박하기 위해서다. 르네상스, 고전주의, 근대 등 역사의 각 지층마다 서로 다른 에피스테메에 의해 지식이 구성된다는 것이 푸코의 입장이다.

79) 글을 쓰는 사람은 누구나 나름의 문체를 가진다. 가령 이런 말이 있다, 곧 "문체에는 우리들 자신이 녹아 있다…내가 쓴 글에는 내가 스며들어 있고 그 글이 내 문체를 형성한다…문체는 글을 쓸수록 점점 더 드러나는 것이고 자신의 내면 깊숙한 곳으로부터 나오는 것이며, 그렇게 나온 글은 글쓴이의 내면을 담은 메아리다. 우리를 이루는 것은 그것이 무엇이든 우리의 글을 뒷받침한다"(골드버그, 2010:27-28).

80) 예컨대 정치인과 법조인, 장사꾼, 조폭 단원이 사용하는 말의 세계는 서로 다르다. 말의 세계에서는 남녀가 구분되고 노소(老少)가 달라지기도 한다. 말하자면 직업이나 젠더, 교육 수준, 소득 정도에 따라 사회방언(sociolecte)이 분화되는 것이다, 사회방언은 자연스레 티가 나기도 하고, 티를 일부러 내기도 한다.

81) 고전주의(Classicism)는 르네상스 시대에 본격적으로 부활했으며 17-18세기 유럽의 예술과 문학, 철학 등에 큰 영향을 끼쳤다. 고대 그리스와 로마문화를 모종의 전통과 규칙 및 규범의 '고전'으로 여기는 사상적 흐름이다. 이탈리아의 단테, 프랑스의 몽테뉴, 영국의 셰익스피어 등이 대표적이다.

82) 사실 부르디외의 책은 프랑스에서도 읽기 어려운 책으로 악명이 높다. 동료 사회학자조차도 "이왕 라틴어로 쓰였더라면 더 좋았을 뻔했다"고 비아냥거릴 정도였다. 하지만 부르디외가 무조건 어렵게 쓰는 것은 아니다. 그에 의하면 계급지배가 언어

를 통해서도 이루어지는 만큼 일상언어를 사용할 경우 기성 질
서의 불평등한 관계를 추인하고 자연화하는 효과를 생산하기 때
문이다. 그런 만큼 '과학적 사회학'의 언어는 무겁고 엄밀하고 복
잡할 수 밖에 없다는 것이다(이상길, 2010:119-121). 부르디외에 의
하면 언어는 결코 중립적이지 않다. 언어적 발화는 언제나 제도
화된 권력관계에 의해 구조화되기 때문이다. 특히 어떤 집단이나
사물, 사건, 행동 등에 이름을 붙이는 행위는 '명명(命名, naming)
의 권력'을 동반한다(부르디외, 2020;304-310). 예컨대 '불법체류자'
라는 용어는 당사자가 아닌 국가권력의 입장을 반영한다. 부르디
외에 의하면 지배권력은 개념의 완곡화(euphemization)를 통해 자
신의 행위를 정당화시킨다. 가령 '무력 공격 및 점령'을 '평정'(平
靜, pacification)으로, '국가살인'을 '최고 형벌'(capital punishment)
로, '정적용(政敵用) 감옥'을 '재교육 캠프'(re-education camp)로 바
꾸는 식이다(스콧, 2020;108-109 참조).

83) 'sociology'는 socio-에 -logy라는 접미사가 붙은 말이
다. 'socio-'는 사회와 관련된 의미이고 '-logy'는 학문 혹은 과
학이라는 뜻이다. '-logy'와 비슷한 것으로 '-ics'라는 접미사가
있다. 'economics'(경제학)처럼 말이다. 우리나라 대학들의 경우
대부분의 사회학과는 사회과학 대학에 소속되어 있다. 그런데 미
국 하버드대에는 사회과학대학이라는 명칭 자체가 없고 일본 도
쿄대 사회학과는 문학부 소속이다.

84) 밀즈는 '과학'이라는 용어가 그것의 명망(名望)에 비해서는
의미가 부정확하다고 비판한다. 다만 자신이 '사회과학' 대신 '사
회연구'라는 말을 적극적으로 사용하지 않는 것은 후자가 고등학
교 공민(公民) 과목을 연상시키기 때문이라 말했다(Mills, 1959:25).

85) 베버에게 학문이란 단순한 직업이나 직무가 아니라 '하느

님의 소명(call)'에 가깝다. 이와 관련된 그의 비장한 문구는 다음과 같다. "말하자면 일단 눈가리개를 하고서, 어느 고대 필사본의 한 구절을 옳게 판독해 내는 것에 자기 영혼의 운명이 달려 있다는 생각에 침잠할 능력이 없는 사람은 아예 학문을 단념하십시오". 그런 사람은 "학문에 대한 소명이 없는 것이니 다른 어떤 일을 하십시오. 왜냐하면 열정을 가지고 할 수 있는 일만이 진정으로 가치 있는 일이기 때문입니다"(베버, 2006:33-34). 베버가 말하는 '소명'이나 버거가 말하는 '초대'는 모두 서구 기독교 문화를 배경으로 하는 개념이다.

86) 한병철은 이렇게 말한다. "빅데이터에서는 사물들 사이의 상관관계만이 파악된다. 그러나 이러한 상관관계는 지식의 가장 원시적인 형식이다. 상관관계에서 얻을 수 있는 깨달음은 없다. 빅데이터는 사물이 왜 그렇게 서로 연관되어 있는지를 설명할 수 없다. 인과적 맥락도, 개념적 맥락도 생성되지 않는다. '어째서(Wieso)'가 개념이 결여된 '그것이 그렇다(Es-ist-so)'로 완전히 대체된다"(한병철, 2023:102).

87) 원래 Donald N. McCloskey이었으나 1990년대 중반 남성에서 여성으로 성전환하면서 이름을 Deirdre N. McCloskey으로 바꾸었다.

88) "경제는 이야기가 움직인다"는 것이 서사경제학의 핵심 주장인데, "누구나 노력하면 성공한다"라든가 "주식은 도박", "부동산 불패", "AI가 세상을 바꾼다"와 같은 이야기가 실제 경제 현실을 바꾼다는 의미다.

89) 일부 문구는 번역본을 따르지 않았다. 예컨대 technical accounts는 '기술적 논고'로 번역되어 있으나 '전문적 논고'로 바꾸었고, formula는 '공식'으로 옮겨져 있으나 '상투적 문구'로

이해하는 것이 더 적절하다고 본다.

90) 틸리는 같은 사회현상에 대한 설명이라도 학부생을 가르칠 때는 전문학술적 설명보다 이야기 방식을 주로 사용한다고 했다. 이에 반해 자신과 대학원생들은 "외부인은 알아들을 수 없는 용어를 사용한다"고 했다(틸리, 2025:349-350).

91) 문학평론가 유종호는 사회를 보다 깊이 이해하기 위해서 소설 속 이야기에 주목할 필요가 있다고 주장한다(유종호, 2011:14-15). 특히 사회사 연구에 있어서는 풍속 습관이나 일상생활에 관한 정보를 가장 많이 제공하는 소설이 '증언'으로서 매우 높은 가치를 갖고 있다고 말한다. 에이미 스탠리가 쓴 『에도로 가는 길』(2022)을 예로 들 수 있을 것이다. 스탠리는 역사학자로서 에도 시대 일본의 사회상을 매우 사실적으로 재구성했다. 재미 한국계 사회학자 그레이스 조(Grace M. Cho)가 쓴 소설 『전쟁 같은 맛』(2023)도 한국 현대사 속 위안부 문제를 소재로 한 자전적 소설 형태로 재구성한 사회학이다. 한편, 소설가들이 이야기를 통해 사회현실을 보다 직접 다루는 경우도 있다. 팩트보다 픽션이 진실에 보다 가까울 수 있다는 취지에서다. "애초 인간과 사회를 탐구하며 끊임없이 질문을 던지는 게 소설이 하는 일 중 하나"라고 말하며 사실 보도가 아닌 이야기로 한국 사회와 문화, 한국인의 마음을 들여다보자는 언론사의 기획 기사가 그 보기다. "어떤 사실은 있는 그대로 보여주는 것보다 이야기로 만들어졌을 때 더욱 명징해지고, 그래서 (사실의) 그 필요와 가치가 더 잘 전달된다"는 판단의 결과다(장강명 외, 2024 참조). 2022년, 한국사회학회가 연희문화창작촌과 공동기획한 〈소설가와 사회학자의 대화〉 행사는 소설과 사회학의 접점을 확인하는 계기가 되기도 했다. 소설가가 곧 사회학자로 평가될 때도 있다. 2025년에 『안녕이라 그랬어』라는 제목의 소설집을 낸 김애란에 대해 문학평론가 신형철은 이

렇게 말했다. "나는 김애란이 오랫동안 사회학자였고 이제야말로 유감없이 그렇다고 주장할 것이다…(소설 속 주인공들은) '문화자본' 이나 '아비투스'같은 학술 개념 없이도 그와 관련 있는 사회학적 징후들을 포착하는 데 뛰어나"기 때문이다(김애란, 2025:311).

92) 실제로 세넷은 소설을 여러 편 발표한 적도 있다. 김홍중 교수는 세넷을 이렇게 평가한 적이 있다. "소수의 지적 동료를 위한 논문을 생산하는 것을 명예로 생각하는 미국 학계의 사회학 자보다는, 폭넓은 독서 대중을 위해 하나의 공적 목소리로서 글을 쓰는 유럽의 문필가 유형에 가깝다…(중략) 그의 글은 어렵지 않다. 친절하고 능숙한 이야기꾼의 솜씨이다"(김홍중, 2013).

93) 공공사회학은 2004년 마이클 뷰러웨이(Michael Burawoy) 의 미국사회학회 회장 취임 연설을 계기로 본격 등장했다. 그는 사회학을 전문사회학(Professional Sociology), 정책사회학(Policy Sociology), 비판사회학(Critical Sociology), 공공사회학으로 대별했다. 전문사회학과 정책사회학은 도구적 지식(instrumental knowledge)을 주로 다루는데, 전자는 제도권 학계 내부가, 후자는 일반 사회가 핵심 고객이다. 한편, 비판사회학과 공공사회학은 성찰적 지식(reflexive knowledge)에 관심이 큰데, 핵심 고객의 측면에서 전자가 대학 내부라면 후자는 바깥 세계다. 뷰러웨이가 말하는 공공사회학의 핵심은 "사회학과 일반 대중과의 대화"다 (Burawoy, 2005).

94) 푸코가 이런 생각을 하게 된 데는 68혁명의 좌절에 따라 유럽의 사회변혁에 희망이 사라졌던 이유가 크다. 그는 1977년 전후 여러 매체에 실명 혹은 익명으로 칼럼, 르포, 진정서 형태의 글을 썼다. 이를 통해 그는 프랑스 형벌 제도를 비판하고 동성애자나 정신병자, 이민자의 인권문제를 고발했을 뿐 아니라 특히

이란 혁명에 관련하여 현장 보도를 수행했다.

95) 밀즈는 많은 사람들이 알아들을 수 있게 글을 쓰는 학자를 '문학인'이나 '언론인'으로 낮춰보는 미국 학계의 고루한 분위기를 비판한 적이 있다(Mills, 1959:23-25).

4장

96) 율리우스 카이사르가 아들처럼 아끼던 브루투스의 칼을 맞는 순간에도 그리스어로 "아들아, 너마저"(kai su, teknon)라고 말했다는 이야기는 널리 알려져 있다. 셰익스피어의 문학적 상상력일 가능성이 높지만 말이다.

97) 안재원, "라틴어는 하루아침에 이뤄지지 않았다", 〈경향신문〉 2024.10.16

98) 물론 라틴어가 완전히 '죽은 언어'는 아니다. 지금도 중요한 격언이나 명구는 대부분 기원이 라틴어이다(한동일, 2023a). 또한 우리는 일상생활 곳곳에서 라틴어를 만난다. '유비쿼터스', '비전', '아우디', '에쿠스', '아쿠아', '스텔라' 등이 대표적인데, "라틴어로 말한 것은 무엇이든 고상해 보인다"고 해도 과언이 아니다(한동일, 2023b:48). 그 외에도 수많은 라틴어 약어가 현재 통용 중이다. '즉'을 뜻하는 i. e. (id est), '예를 들어'라는 의미의 e. g. (exempli gratia), '등'을 말하는 etc. (et cetera)가 대표적이다.

99) 비서구지역도 마찬가지다. 일본의 경우, '일본어'라는 지반이 확고하게 존재한 후에 '국어'라는 건축물이 세워진 것이 아니다. 오히려 '국어'라는 화려한 첨탑이 먼저 세워지고 나서 그 토대가 되는 '일본어'의 동일성을 시급히 갖추었다. 일본이 근대

국가로 스스로를 만들어 가는 과정과 병행해서 '국어'라는 이념과 제도가 만들어졌던 것이다"(이연숙, 2006:17-20). 중국 역시 중화인민공화국이라는 이름의 근대국가를 수립한 이후 1956년부터 이른바 번체(繁體)를 버리고 간체(简体)를 강제로 채택했는데, 이 역시 비슷한 맥락이다. 문맹 퇴치가 명분이었지만 근대적 행정국가 및 사회주의 국가권력을 강화하려는 의도가 더 컸다. 또한 봉건적 과거와의 단절을 꾀하는 방법이기도 했는데, 그 대표적인 기제가 문화대혁명이었다. 그 결과, 번체로 쓰여진 중국의 고전은 본토 내에서 거의 외국어와 같은 신세가 되었다. 하지만 중국은 간체 채택과 함께 중국어 발음을 로마자로 표기하는 병음(拼音)을 개발했는데, 이 또한 한자교육과 정보전달에 있어서 획기적인 전기를 만들었다. 간체와 병음은 특히 오늘날과 같은 디지털 시대에 중국의 막강한 문화적 무기로 활용되고 있다. 한편, 최근에는 번체자의 부활 조짐도 나타나고 있다. 간체가 한자의 미학적·과학적 측면을 훼손하고 있을 뿐 아니라 디지털 시대를 맞이하여 간체의 간편함이 점차 의미를 상실하고 있다는 이유에서다. 교육이나 행정, 언론에서는 번체 사용을 철저히 통제하지만 고급식당이나 전통문화 관련 상점, 문화예술계 안에서 번체 사용을 통해 고급스러운 이미지를 고양하려는 추세가 늘고 있다.

100) 헤겔어의 특징으로는 길고 복잡한 문장, 추상적 개념의 연속적 사용, 일상 언어와의 괴리 등이 지적된다. '이해하기 힘든 철학자들의 언어'라는 식으로 조롱받기도 한다.

101) 제국주의 관점에서 국가와 대학의 '결탁'을 신랄히 비판한 책으로는 커밍스(2004) 볼 것.

102) 참고로 1944년에 설립된 '일본국어학회'는 2004년 '일본어학회'로 개명했다(노마 히데키, 2011:43-45). 한편, 1931년에

창립된 '조선어학회'는 해방 후인 1946년 한글학회로 이름이 바뀌었고 이와 별도로 1974년에 '국어학회'가 설립되었다.

103) 이러한 전제는 점차 정당성이 줄어들고 있다. 2025년에 시행되는 통계청의 인구주택총조사는 다문화사회의 현실을 반영하여 '가구 내 사용언어'나 '한국어 실력'을 묻는 문항을 처음으로 포함시켰다. 법적으로는 한국인이지만 한국어가 당연하지 않은 시대가 도래한 것이다.

104) 인터뷰 "최보식이 만난 사람, '한글의 탄생' 저자 노마 히데키씨" 〈조선일보〉 2017.3.6

105) 위 인터뷰에서 노마 히데키는 한글에 내재한 표음문자 원리는 "하늘에서 뚝 떨어진 선물도, 어느 날 밤 갑자기 세종의 꿈속에 기적처럼 나타난 것도 아니다"고 설명했다. 그에 의하면 "실크로드라는 문화적 가교가 없었다면 표음문자 원리는 결코 조선에 알려질 수 없었다". 기원전 1500-2000년 경 지중해 동남부 해안(시나이반도에서 팔레스타인으로 이어지는 지역)에서 처음 나타난 표음문자 형태는 10세기경 유라시아 대륙의 동쪽으로 건너오기 시작했고 그 바람은 높고 견고한 한자 문화의 벽을 넘어서 중국 주변의 민족들에게도 영향을 미쳤다. 거란, 여진, 서하인(西夏人)들이 차례로 자신의 문자를 만들기 시작했으며, 몽골제국의 공식 문자이던 위구르 문자 역시 표음문자 형태였다. 세종을 비롯한 집현전 학사들은 1446년 한글 반포 이전에 동아시아에 존재했던 이러한 표음문자의 원리를 잘 알고 있었다. 동양사 쪽에서도 이러한 주장은 결코 한글의 독창성 주장을 훼손하는 것이 아니라 오히려 한글의 우수성을 '국제적 보편성' 속에 확인하는 일이라고 본다("김호동의 실크로드에 길을 묻다 – 한글의 탄생", 〈중앙일보〉 2021.4.16).

106) 한글에 대해 남북한의 입장은 상충되는 대목이 많다. 한국에서는 '한글날'이 국경일이자 공휴일이나 북한의 '조선글날'은 그렇지 않다. 날짜도 다르다. 우리나라의 한글날은 1940년 경북 안동에서 발견된 훈민정음 해례본 원본을 근거로 1446년 음력 9월 29일을 양력으로 환산한 10월 9일이다. 이와 반면 북한의 '조선글날'은 「조선왕조실록」을 기준으로 1443년 음력 12월에 훈민정음이 창제되었다고 보고 양력 1월 9일을 기념하다가 1963년 이후 음력·양력 환산 오류를 시정한다면서 1월 15일로 바뀌었다. 또한 우리는 한글을 창제하는 데 있어서 세종대왕의 탁월한 리더십을 강조하지만 북한은 집현전 학자들의 집단적 노력을 통한 '민족어' 탄생에 주목하는 편이다. 한글 역시 분단의 고통을 짊어지고 있는 셈이다.

107) 금속활자를 세계 최초로 발명하고 세계 그 어느 문자보다 단순하고 실용적인 문자를 소유한 나라였지만, 국가 권력은 지식 보급을 통한 대중의 각성을 철저히 통제했다. 예컨대 "1880년대 조선왕조에 영업 중인 서점은 단 한군데도 없었다"(박종인, 2019:299, 310).

108) 이 법률은 2005년 '국어기본법'으로 계승되었다. 한글전용에 대한 법적 강제가 국민의 언어 기본권을 침해한다는 헌법소원이 제기된 바가 있었지만 2016년 헌법재판소는 이를 기각했다.

109) 최만리는 '정음'이 보편화된다면 아무도 힘들게 학문을 하지 않을 것이라고 예상했다. "그렇게 되면 수십 년 뒤에는 한자를 아는 자는 반드시 줄어들 것이고, '정음'만으로 관직의 일은 알 수 있을지 몰라도 성현의 문자를 모른다면 아무것도 배우지 못한다"는 것이 그의 생각이었다. 이와 같은 최만리의 우려는 오

늘날 현실화된 측면이 있다. 한자를 아는 사람도 적어질 뿐 아니라 한자를 배우려고 하지도 않기 때문이다. 말하자면 "한글 에크리튀르의 압도적 제압이라는 오늘날의 사태"를 최만리는 처음부터 내다본 셈이다. 실제로 한글 창제에 반대했던 최만리 역시 파직되었다가 불과 4개월 후 복직되었다(노마 히데키, 2011:245-246). 이는 세종이 내심 최만리의 주장을 일리 있다고 판단한 것으로 해석될 여지가 있는 대목이다.

110) 이와 관련된 웃지 못할 에피소드는 차고 넘친다. 혼숙(混宿)을 혼자 숙박하는 것으로, 우천시(雨天市)를 도시 이름 가운데 하나로, 전임자(專任者)를 전임자(前任者)로, 다(多)문화센터를 다(茶)문화센터로 이해하는 식이다. (이우석, "한글세대의 문해력 추락, 한자교육이 답이다", 〈중앙일보〉 2024.10.31).

111) 과(科)는 곡식(禾)을 말(斗)로 나눈다는 의미다.

112) 물론 한자에서도 과학이라는 단어 자체는 있었다. 하지만 그 의미는 '과거시험을 보는 학문', 곧 '과거지학'(科擧之學)이라는 것이다. 일본은 전통적으로 과거제도가 없었다. 그래서 science 혹은 Wissenschaft를 완전히 새로운 의미의 '과학'으로 번역해 냈는지 모른다. (장하석, "과학이라는 단어를 만들어 낸 이유" 〈중앙일보〉 2018.8.31).

113) 글로벌 시대 한류에 힘입어 한글이 세계어가 될 가능성도 있다. 영국 옥스퍼드대 언어 센터(language center)는 최근 한국어를 12번째 외국어로 채택했다고 한다. 영국 MZ세대에게 한국어는 ''판타지 언어'로 인식되고 있다고 한다(조지은 교수 인터뷰 "영MZ들에게 한국어는 판타지", 〈조선일보〉 2024.8.22).

114) 일본에서도 제2차 세계대전 패전 직후 한자폐지론과 가

나(かな) 전용론이 대두한 적이 있다. 국민 모두가 읽고 쓰기 쉽게 하자는 취지였고, 그것이 민주주의 실현에 기여할 것이라는 기대의 결과물이었다. 하지만 일본은 1946년 당용(當用)한자 제정, 1981년 상용한자표 발표 등을 통해 한자를 완전히 배제하는 대신 일정한 범위 내 사용을 권장하는 타협안을 만들었다. 현재 일본에서 가나 전용론자는 거의 없다. 일본에서는 한자가 이미 일본의 문화적 정체성의 일부라고 생각하고 있을 뿐 아니라 디지털 시대를 맞이하여 한자가 '쓰는' 것이 아니라 화면 위에 '터치하는' 것이 됨으로써 한자 쓰기에 대한 심리적 부담감도 크게 줄었다.

115) 노마 히데키는 고유어가 선방하고 있는 한국을 부러워한다(노마 히데키, 2011:64-66). 일본 고유어, 곧 화어(和語)로는 추상적인 개념을 새로 만들기 매우 어려운 데 비해 한글에서는 '단어'라는 한자어 이외에 '낱말'이라는 고유 용어가 새로 만들어졌을 정도다. 그 선구자는 '한글'이라는 명칭을 만든 주시경이다. 하지만 순한글만으로 고급 학술어가 만들어지기에는 아무래도 역부족이다.

116) 김경만의 이러한 논지는 신랄한 비판에 직면했다. 예컨대 정수복(2015b)은 "한국 사회학계는 이미 그 나름의 자율성을 갖는 로컬 지식장이다…학회가 있고 학자들 사이의 교류가 있고 학술지가 발간되고 저서가 출간되고 서평이 나온다… 학계의 권위와 서열 체계가 있고 보상 체계가 있다… 한국 사회학계라는 로컬장의 구성 방식과 작동 방식을 문제시할 수는 있으나 존재 자체를 부인할 수는 없는 것이다"라고 반박하며 글로벌 지식장의 우월적 존재를 인정하지 않는다. 비슷한 맥락에서 이기홍(2019)은 한국 사회과학 '지식장'에 특히 강력하게 작동하는 학문제국주의의 상징폭력을 반드시 고려해야 하며, 김경만이 한국사

회학계가 글로벌 지식장에서 이탈했다고 주장하지만, 자신이 볼 때 우리 사회학계와 학자들은 글로벌 지식장에서 이탈한 적이 없고, 이제는 그런 깃발조차 볼 수 없을 만큼 예속은 더욱 강고해졌다고 생각한다고 주장한다.

117) 저술 활동을 영어로 많이 하는 편인 사회학자 장경섭은 그렇게 하는 이유를 다음 세 가지로 설명한다. 첫째, 학술언어로서 영어가 가지는 편리성과 보편성, 둘째 한국 현실로부터의 객관화 혹은 타자화 가능성, 셋째 자신의 연구결과에 대한 해외 학술·문화·언론계의 관심이다(장경섭, 2023;8).

118) 번역에는 크게 '이국화'(異國化)와 '자국화'(自國化) 두 가지 방법이 있다고 한다. 전자는 번역가가 원천 텍스트를 목표 언어로 번역하면서 원천 언어의 이국적 특성을 그대로 남겨두는 것이며, 후자는 번역가가 될 수 있는 대로 이러한 이국적 특성을 없애는 대신 목표 언어에 걸맞게 자국어의 특성을 살려 투명하고 유려하게 번역하는 것이다. 일본은 이 두 가지 모두 적절히 살린 사례로 알려져 있다(김욱동, 2011).

119) 서세동점 시대 일본에서는 서구의 학문이나 과학 전체를 파악해 보려는 노력이 있었다. 곧, 일본의 지(知)를 바탕으로 삼으면서도 당시로서는 미지의 영역이었던 서양의 지(知)를 어떻게 이해하고 흡수할 것이냐라고 하는 문제의식의 발로였다. 여기에 가장 앞장선 인물이 1870-71년 무렵에 나온 『백학연환(百學連環)』의 저자 니시 아마네(西周, 1829-1897)였다. 백학연환은 Encyclopedia를 니시 아마네가 번역한 말이다. 그는 당시 서구의 학술 전체를 상호연관 속에서 넓게 바라보려고 했고, 그 과정에서 일본어에 없었던 서구의 많은 단어를 일본어로 옮겼다. 니시 아마네의 백학연환에 관한 상세한 이야기는 야마모토 다카미

쓰(2023) 볼 것. 서세동점 초기에는 번역에 있어서 중국과 일본이 서로 경쟁하였다. 그러나 최종 승자는 일본이었다. 특히 주목할 만한 것은 일본에서는 번역 이전에 사전 편찬이 이미 시작되었다는 사실이다. 사실 번역의 도구적 기초로서 사전의 존재는 필수적인 바, 일본은 국가 차원에서 일찍이 사전의 중요성에 눈을 떴다. 일본 최초의 난화(蘭和)사전(네덜란드어·일본어)으로 알려진 「하루마와게(ハルマ和解)」는 1796년에 나왔고, 일본 최초의 영일(英日)사전으로 알려진 「안게리아고린타이세이(諳厄利亞語林大成)」은 1814년에 출판되었다. 막부 말기에 300명 가까운 통역사들이 있었고 그들과 제휴하는 서양 연구자, 이른바 '요가쿠샤'(洋學者)도 부지기수였다. 그 무렵 번역된 말은 일본에서 대부분 지금도 통용된다. 외국어를 번역하면서 '형용사'라든가 '부사' 같은 번역어도 처음 나왔다. 메이지 정부는 등장 직후 '번역국' 설치했고, 중국에서도 1953년 '중국민족어문번역국'(中國民族語文飜譯局)을 만들었다. 한국에는 그런 국가기관이 그때도 없었고 지금도 없다(박상익, 2018). 덧붙여 우리나라 학계에는 번역이 학자의 연구 업적에 포함되지 않는 게 일반적이다.

120) 산소, 화학, 연설, 재판소 같은 단어도 그러했지만 일상 용어, 예컨대 Sunday, Week와 같은 단어는 근대 이전 일본에서 전혀 상상조차 할 수 없는 새로운 개념이었다. 그것을 일요일이라든가 일주일로 번역한 것이다(스기모토 쓰토무, 1997:254-255).

121) 예컨대 philosophy의 철학은 공자의 '호학'(好學)과 연계하고, understanding의 이해는 주희의 '이회'(理會)와 병치해서 이해한다면, 소통이 더 활발히 일어날 것이라는 주장이다(신정근, 2024 참조).

5장

122) 김병화 외 (옮김), 『생활 속의 사회학』, 신정, 2009.

123) 유머 감각과 관련하여 버거는 '명랑사회학'(cheerful sociology)을 제안한 적이 있다. 그에 의하면 일상생활이라는 현실로부터 잠시 벗어날 수 있는 또 다른 차원의 현실을 지각할 수 있는 능력이 유머 감각인데, 여기에는 독특한 심리학적·사회학적 기능이 있다고 말한다. 농담은 불안을 완화해 주고, 그것을 공유하는 사람들의 공동체를 설정해 주며, 이런저런 권위들의 정체를 폭로하는 정치적 무기로 쓰일 수 있다는 것이다(버거, 2012:348-355). 사회학이 남을 가르쳐주지 못할 바에야 사람들을 재미있게라도 해주자는 취지다. 명랑사회학이야말로 전형적으로 생활현장이 연구기반일 것이다. 어쩌면 삶의 진실은 한편의 코미디 같을지도 모른다. 사실 버거는 유머나 코믹에 매우 진지한 사회학자다. 그에 의하면 인간은 본래 '웃는 존재'(Homo Ridens)이자, '웃기는 존재'(Homo Ridiculus)이다. 코미디는 모든 사회에 보편적으로 존재하는 "인간의 중심적 경험"이라는 것이다(버거, 1997:x, xiii-xiv, 45-86). 버거는 코믹의 사회적 기능을 '따뜻한 농담'을 통한 '분위기 전환', '희비극'을 통한 '위안', '위트'를 통한 '지적 유희', '풍자'를 통한 '무기화' 등 네 가지로 구분했다(버거, 1997:99-175). 코미디가 사회학적 연구 대상이 될 수 있는 것은 '무엇이 웃음거리인가'를 사회적으로 공유함으로써 '정상'과 '일탈'의 경계를 드러낼 뿐 아니라 특정 지역이나 젠더, 계층, 세대를 웃음의 소재로 삼는 경우 사회적 위계질서와 금기가 무엇인지를 알려주기 때문이다.

124) 여기에는 『마음의 사회학』을 쓴 김홍중, 『아파트에 미치다 – 현대 한국의 주거사회학』을 쓴 전상인, 『돈의 인문학』을 쓴 김찬호, 『그을린 예술』을 쓴 심보선, 『이방인의 사회학』을 쓴 김

광기, 『음모론의 시대』를 쓴 전상진, 『사당동 더하기 25』를 쓴 조은, 그리고 『세상물정의 사회학』을 쓴 노명우가 포함되었다. 이 리스트에 『복학왕의 사회학 – 지방 청년들의 우짖는 소리』를 쓴 최종렬, 『기꺼이, 이방인 – 어느 사회학자의 대관령 일기』를 쓴 천선영 등도 들어갈 수 있을 것이다.

125) 정(情)이나 흥(興), 한(恨), 눈치, 염치 등을 주제로 한 사회학 연구는 한국사회학의 수출 상품이 될 수 있다고 본다. 말하자면 'K-사회학'이다. 지금까지 이런 측면에는 주로 한국학이나 민속학이 관심을 가져왔고, 제도권 아닌 재야(在野) 학자들의 저술이 활발한 편이었다. 연구 및 저술의 현장성이나 대중성으로 따지면 이들이 제도권 사회학보다 한국사회의 속내를 훨씬 더 잘 드러내고 있는 것이 아닐까?

126) 이와 관련하여 다음과 같은 일화도 있다. 스콧의 『국가처럼 보기(Seeing Like a State)』에 대해 혹자가 "훌륭한 책으로 영원히 남을 고전이 될 것이지만, 방법론적으로는 엉망이어서 사회과학이라고 할 수 없다"고 언급하면서, "정말 대단한 예술가 아닌가, 스콧은 진정한 예술가야"라며 비아냥거렸다고 한다. 상대는 자신의 연구를 비과학적이라고 비하했지만 스콧은 이렇게 받아넘겼다고 한다. 곧, "나는 예술가라 불리는 것이 싫지 않다. 우선 사회과학을 자연과학이라고 생각하지 않아서다"라고 (뭉크·스나이더, 2012a:246).

127) 인공지능의 발달에 따라 바둑계에 이른바 '기풍'(棋風)이 사라졌다는 말이 많다. 바둑을 두는 데 있어서 드러나는 기사(棋士) 특유의 개성 말이다. AI 시대에 있어서 바둑의 목표는 오직 승리다. 이기는 바둑이 좋은 바둑이라는 의미다. 하지만 과거의 프로기사들은 승부를 떠나 좋은 내용의 대국을 하겠다는 목표를 세

우는 경우가 많았다. 글쓰기에 도움을 준다는 AI의 역할도 이런 측면으로 이해하면 어떨까?(장강명, 2025:143-175 참조)

128) 이런 일을 하는 사람으로서 우리나라에서 가장 유명한 이는 '빨간 펜 선생님'으로 알려진 교사 출신 '우리말 교열 박사' 이수열(1928-2021년)이다. 그는 20년 이상 하루 10개 정도의 일간지를 정기구독하며 5,000명 이상의 신문 기고자들에게 2만 통 이상의 교정 의견을 편지로 보냈다(김승재, "언론인·문인 떨게 하는 '빨간 펜 선생님'", 〈조선일보〉 2015.3.12). 저자도 그로부터 여러 번 그런 편지를 받았다.

129) Grammando는 grammar(문법)와 commander(사령관)의 합성어. 한국적 맥락에서 소설가 복거일은 이들을 '우리 언어의 수호자', '언어 풍속의 감시자'로 칭했다(복거일, 1998:125).

130) 아래아한글(한컴오피스 한글)의 '빠른 교정' 기능은 기본적으로 1,374개의 교정 규칙을 내장하고 있다. 이를 통해 조사나 어미의 교정, 자동 서식, 입력 보정 등에 도움을 주기 위해서라고 한다. 하지만 일부 역사적 혹은 사회적 표현을 자동교정하는 행태는 다분히 '문법 나치'의 모습이다. 가령 '일제시대'라고 자판에 치면 '일제 강점기'로 자동 변환되는 식이다. 이는 문법의 문제가 아니라 학문의 자유 문제다. 그렇다고 해서 어떤 일관적 내지 합리적 기준이 있는 것 같지도 않다. 혹시 이런 행태를 PC(Political Correctness)로 이해하려는 입장이 있을지 모른다. 하지만 아래한글의 한자변환 시스템에서 '매춘'의 선택지가 '賣春' 하나밖에 없다는 사실은 이런 주장을 무색케 한다. '買春'은 없는 것이다. 이는 성을 구매하는 쪽이 아니라 성을 판매하는 쪽을 낙인찍는 시대착오적 반여성주의 발상 아닌가?

131) 예컨대 국민 대부분이 친숙한 '수신료'라는 말도 표준어

로 제정된 것은 2024년 12월이었다. '비대면', '노령화', '원외 정당' 등도 그때 비로소 「표준국어대사전」에 등재되었다. 이와 반면, 옥스퍼드 영어사전은 한국의 '먹방'을 'mukbang'이라는 단어로 공식 등재했으며 그 뜻을 "주로 생방송으로 송출되는 영상으로, 한 사람이 많은 양의 음식을 먹으며 시청자와 대화하는 내용을 담고 있는 것"으로 풀이했다. 주지하는 것처럼 먹방의 원조는 우리나라다. 이에 반해 현재 우리나라 「표준국어대사전」의 먹방 정의는 "먹물을 뿌린 듯 캄캄한 방"이다 (박한슬, "표준어사전에 없는 '먹방'", 〈조선일보〉 2025.4.29).

132) '그, 그녀'라는 말을 영어 'he, she'에서 나왔다는 이유로 배척하면서 그 대안으로 '그분', '걔', '소녀', '사나이', '여사', '노파' 등을 그때그때 맞게 쓰자고 제안하는 국어순화론에 얼마나 설득력이 있을까?(최승호, "이수열 솔애울 국어순화연구소장 인터뷰", 「예법 틀린 우리 글 보면 못 참아요」, 〈동아일보〉 2006.4.1.)

133) 제임스 C. 스콧, 전상인 (옮김), 『국가처럼 보기』, 에코리브르, 2010

6장

134) 여담이지만 연구비 신청을 하다 보면 연구 기간을 기입하도록 되어 있다. 늘 고민되는 것은 자기 자신을 연구방법론으로 생각하는 경우, 연구 기간의 시작일은 마땅히 본인의 생년월일이 되어야 하는 게 아닌가 하는 점이다.

135) 글쓰기 방법에 관련된 최근의 도서 소개 및 트렌드 분석으로는 장은수, "좋은 글쓰기 비법", 〈중앙일보〉 2020.3.9. 참고.

136) 한국인이 사랑하는 대표적 글쓰기 관련 고전『문장강화』
에서 이태준은 다음과 같이 말한다. "글 짓는 데 무슨 별법이 있
나? 그저 수긋하고 다독(多讀), 다작(多作), 다상량(多商量)하면 그만
이라는 시대도 있었다. 지금도 생이지지(生而知之)하는 천재라면
오히려 삼다(三多)의 방법까지도 필요치 않다. 그러나 배워야 하
는 일반에게 있어서는…어느 정도의 과학적인 견해와 이론, 즉
작법이 천재에 접근하는 유일한 방도가 아닐 수 없을 것이다"(이
태준, 1995:19). 그러면서 이태준은 "난초를 그리는 데 법이 있어서
도 안 되고 법이 없어서도 안된다"는 명필 완당(阮堂) 김정희(金正
喜)의 말을 덧붙였다.

137) 사족(蛇足)이지만 '보석 같은' 문장이라는 표현은 전혀 맥
락이 없는 것이 아니다. 과거 영국에서 인쇄기 활자 크기를 보
석 이름으로 분류했기 때문이다. 예컨대 5.5 포인트 크기는 루비
(Ruby), 5 포인트 크기는 펄(Pearl), 4.5 포인트 크기는 다이아몬드
(Diamond)라 불렀다. 일본어에서는 한자 읽는 방법을 알려주기
위해 한자 위나 옆에 작게 히라가나를 표기하는데, 이른바 후리
가나(振り仮名)다. 그런데 후리가나를 세간에서는 루비라 부른다.
왜냐하면 메이지 시대 영국에서 인쇄기를 수입할 무렵 '루비' 크
기의 활자가 후리가나를 표기하기에 가장 적합했기 때문이다.

138) 참고로 작가 안정효가 말하는 글쓰기의 세 가지 원칙은
"조금씩, 날마다, 꾸준히"이다(안정효, 2006:19).

139) 오늘날 워드프로 세상은 원고 파일 딱 한 가지를 놓고 요
리조리 수정하는 글쓰기 환경을 제공한다. 간편하게 추가하고,
삭제하고, 구절이나 부분을 통째 옮겨 놓을 수도 있다는 점에서
참 편리한 세상이다. 하지만 편집 작업 중 최초의 표현으로 돌아
갈 방법이나 여러 버전의 원고들 사이에서 수정 사항을 검토할

수 있는 기회도 동시에 사라졌다. 물론 변경 내용 추적 기능을 사용하고, 각각의 버전을 저장하는 방법이 기술적으로 존재한다. 그럼에도 대부분 그렇게 하지 않는다(배런. 2023:486-487). 이런 기술상의 변화는 퇴고를 위해 장점도 되고 단점도 된다.

술상의 변화는 퇴고를 위해 장점도 되고 단점도 된다.

참고문헌

고길섶 외, 2010.『민족의 언어와 이데올로기』, 박이정

고미숙, 2003.『열하일기, 웃음과 역설의 유쾌한 시공간』, 그린비

구연상, 2009. "글쓰기와 사무침", 우학모,『우리말로 학문하기
의 고마움』, 채륜

권영민 외, 2013.『한국 인문 사회과학 연구 이대로 좋은가』,
푸른역사

권용선, 2009.『세계와 역사의 몽타주, 벤야민의 아케이드 프로
젝트』, 그린비

김경만, 2015.『글로벌 지식장과 상징폭력: 한국 사회과학에
대한 비판적 성찰』, 문학동네

김덕영, 2007.『게오르그 짐멜의 모더니티 풍경 11가지』, 길

김봉석, 2016. "한국사회학과 번역 – 서구의 번역사회학 논의
고찰 및 적용 –", 한국이론사회학회 삼토회 발표논문
(2016.10.15.)

김성우, 2024.『인공지능은 나의 읽기-쓰기를 어떻게 바꿀까』.
유유

김애란, 2019.『잊기 좋은 이름』, 열림원

김애란, 2025.『안녕이라 그랬어』, 문학동네

김영민, 1994. "논문중심주의와 우리 인문학의 글쓰기",『문학과
사회』 여름

김영민, 1996. 『탈식민성과 우리 인문학의 글쓰기』, 민음사

김영명, 2006. 『우리 정치학 어떻게 하나』, 오름

김영환, 2008. "번역 문화의 전통과 우리말로 학문하기", 우리말로
    학문하기 모임, 『우리말로 학문하기의 사무침』

김원우, 2014. 『일본 탐독』, 글항아리

김욱동, 2011. 『번역의 미로: 번역에 관한 열두 가지 물음』,
    글항아리

김웅권, 2017. 『타자와 나, 숨겨진 진실』, 연암서가

김정선, 2015. 『동사의 맛』, 유유

김종영, 2015. 『지배받는 지배자: 미국 유학과 한국 엘리트의
    탄생』, 돌베개

김진균, 1997. 『한국의 사회현실과 학문의 과제』, 문화과학사

김진균 외, 2012. 『사회학의 명저 20』, 새길아카데미

김태호, 2023. 『한글과 타자기: 한글 기계화의 기술, 미학,
    역사』, 역사비평사

김태환, 2013. "문학 시장 속의 비평", 『세계의 문학』150

김형국, 2013. 『인문학을 찾아서 – 인문적 소양 기르기 그리고
    바른 글쓰기에 관하여』, 열화당

김홍중, 2013. "함께 읽기: 연대를 넘어 협력으로", 리처드 세넷,
    김병화 (옮김), 『투게더』, 현암사

김휘택, 2024. "바르트의 '글쓰기의 영도'에 관한 일고찰", 『외국

학연구』68

남재희, 2004.『언론·정치 풍속사 – 나의 문주(文酒) 40년』,
　　민음사

노명우, 2013.『세상물정의 사회학: 세속을 산다는 것에 대하여』,
　　사계절

문사철 (편저), 2014.『15세기 – 조선의 때 이른 절정』, 민음사

류시화, 2014.『지금 알고 있는 걸 그때도 알았더라면』, 열림원

박동섭, 2022.『우치다 다쓰루』, 커뮤니케이션북스

박상익, 2018.『번역청을 설립하라』, 유유

박종인, 2019.『대한민국 징비록』, 와이즈맵

박종진, 2024.『만년필 탐심』, 틈새책방

백낙청·임형택·정승철·최경봉, 2020.『한국어, 그 파란의 역사와
　　생명력』, 창비

백승종, 2011.『정조와 불량선비 강이천 – 18세기 조선의 문화
　　투쟁』, 푸른역사

복거일, 1998.『국제어 시대의 민족어』, 문학과지성사

서동욱, 2005. "애무의 글쓰기",『일상의 모험』, 민음사

서종학,『문자생활의 역사』, 영남대출판부

송숙희, 2022.『150년 하버드 글쓰기 비법』, 유노북스

송　복, 2021. "중용 그리고 천명",『철학과 현실』128

송호근, 2013. "학문 후진성에 대한 지성사적 고찰 – 사회학

혹은 사회과학의 역사적 굴레와 출구" 권영민 외, 『한국 인문·사회과학 연구, 이대로 좋은가』, 푸른역사

신광현, 1996. "대학의 담론으로서의 논문: 형식의 합리성에 대한 비판", 『사회비평』 14

신상목, 2017. 『학교에서 가르쳐주지 않는 일본사』, 뿌리와이파리

신정근, 2024. "한국어로 학술적 사유하기: 두 '표정' 이야기", 『철학과현실』 140

안정효, 2006. 『글쓰기 만보』, 모멘토

오생근, 2013. 『미셸 푸코와 현대성』, 나남

우리말로 학문하기 모임, 2008. 『우리말로 학문하기의 사무침』, 푸른사상

우리말로 학문하기 모임, 2009. 『우리말로 학문하기의 고마움』, 채륜

우리말로 학문하기 모임, 2010. 우리말로 『학문하기의 용틀임』, 채륜

우리말로 학문하기 모임, 2011. 우리말로 『학문하기의 날갯짓』, 채륜

유세환, 2015. 『결론부터 써라』, 미래의 창

유종호, 2011. 『과거라는 이름의 외국』, 현대문학

이기홍, 2006. "설명적 사회학과 글쓰기", 『한국사회학』 40(6)

이기홍, 2013. "양-질 구분을 다시 생각한다", 『한국사회학』 47(2)

이기홍, 2019. "이론연구는 왜 필요한가? – 김경만의『글로벌 지식장과 상징폭력』비판",『경제와 사회』124

이남호, 2004.『문자제국쇠망약사』, 생각의나무

이상길, 2010. "외국이론 읽기/쓰기의 탈식민지 전략은 어떻게 가능한가 – 부르디외로부터의 성찰",『커뮤니케이션 이론』6(2)

이성용, 1999. "한국 사회과학자의 존재 이유", 하워드 S. 베커, 이성용·이철우 (옮김),『사회과학자의 글쓰기』, 역자후기

이영림, 2013. "18세기 프랑스의 종교와 정치", 역사학회 (편),『정조와 18세기』, 푸른역사

이태준, 2005.『문장강화』, 창비

이한섭, 2014.『일본어에서 온 우리말 사전』, 고려대출판부

이현택·김재희, 2025.『AI와 기자』, 커뮤니케이션북스

임창복, 2023.『필경사 – '건축가 심훈'의 꿈을 담은 집』, 효형출판

장강명 외, 2024.『소설, 한국을 말하다』. 은행나무

장강명, 2025.『먼저 온 미래: AI 이후의 세계를 경험한 사람들』, 동아시아

장경섭, 박홍경 (옮김), 2023.『압축적 근대성의 논리』, 문학사상

장동석 외, 2014.『글쓰기의 힘』, 북바이북

전상진·김무경, 2010. "사회학의 위기에 대처하는 두 가지 방법: 공공사회학(public sociology)과 전문직 사회학의 스트롱 프로그램(strong program in professional

sociology)에 대한 체계이론적 비판을 중심으로",
『사회와 이론』17

정 광, 2015.『한글의 발명』, 김영사

정수복, 2015a.『응답하는 사회학 – 인문학적 사회학의 귀환』,
문학과지성사

정수복, 2015b. "김경만의 '지적 도발'에 대한 정수복의 '응답'-
글로벌 지식장과 로컬 지식장 사이에서",『경제와 사회』
108

정수복, 2022.『한국사회학과 세계사회학』, 푸른역사

정승철, 2020. "국어에 관한 편견, 환상, 오해", 백낙청·임형택·
정승철·최경봉,『한국어, 그 파란의 역사와 생명력』, 창비

정준영, 2014. "(서평) 사회과학적 사고의 가치에 대한 세 개의
변주 – 노명우,「세상물정의 사회학」/정태석,「행복의
사회학」/전상인,「편의점 사회학」",『경제와사회』102

조동일, 1996.『우리 학문의 길』, 지식산업사

조영철, 2020. "서구중심주의와 한국에서 '학문하기'",
『문화와 정치』7(4)

조재수, 2008. "국어사전을 통해 본 학술용어" 우리말로
학문하기 모임 (편),『우리말로 학문하기의 사무침』,
푸른사상

조주은·박한경, 2014.『소설에서 만난 사회학: 픽션보다 재미있
는 사회학 이야기』, 경북대 출판부

조한혜정, 1992. 『탈식민지 시대 지식인의 글 읽기와 삶 읽기 1』, 또 하나의 문화

주형일, 2011. "문화연구와 글쓰기", 『언론과 사회』 19(4)

지비원, 2021. 『왜 읽을 수 없는가: 인문학자들의 문장을 돌아보다』, 메멘토

채오병, 2011. "이행과 번역: 한국사회의 근대성 이해를 위한 방법론적 소고", 『경제와 사회』 89

천정환, 2010. "신자유주의 대학체제에서의 글쓰기와 '학진 시스템", 『역사비평』 92

천정환, 2010. "신자유주의 대학체제의 평가제도와 글쓰기", 『역사비평』 92

최경옥, 2005. 『번역과 일본의 근대』, 살림

최기숙, 2011. "글쓰기의 사회인문학: 사회인문학의 위치 설정과 논문 글쓰기에 대한 비판적 성찰" 김성보 외, 『사회인문학이란 무엇인가: 비판적 인문정신의 회복을 위하여』, 한길사

최봉영, 2011. "우리말의 힘과 생산성" 우학모, 『우리말로 학문하기의 날갯짓』

최종렬, 2009. 『사회학의 문화적 전환 – 과학에서 미학으로 되살아난 고전 사회학』, 살림

최종렬, 2024. 『사회학, 확실성 추구와의 투쟁』, 박영사

최진석, 2025. "연구자의 탄생: 학술연구조성비 사업과 박정희 정권기 교수 정체성의 재편", 규장각한국학연구원

학술대회 〈한국대학의 출발, 새로운 시각과 자료〉
(2025.5.16.-17) 발표문

최혜실, 2000. 『모든 견고한 것들은 하이퍼텍스트 속으로 사라
진다』, 생각의 나무

하병학, 2009. "글을 쓰는 인간존재(Homo Scribens) - 글쓰기
윤리의 존재론적 토대에 대한 수사학적 고찰", 『수사학』
10

하영삼, 2011. 『한자와 에크리튀르』, 아카넷

한동일, 2023a, 『라틴어 수업』, 흐름출판

한동일, 2023b. 『라틴어 산책』, 언어평등

허 웅, 1974. 『한글과 민족 문화』, 세종대왕기념사업회

홍석기, 2010. 『인상주의: 모더니티의 정치사회학』, 생각의 나무

고바야시 야스오·후나비키 다케오 (엮음), 오상현 (옮김), 1996.
『知의 기법』, 경당

고바야시 야스오·후나비키 다케오 (엮음), 유진우·오상현 (옮김),
1997. 『知의 논리』, 경당

고바야시 야스오·후나비키 다케오 (엮음), 이근우·전종훈 (옮김),
1997. 『知의 윤리』, 경당

고바야시 야스오·후나비키 다케오 (엮음), 이근우 (옮김), 2000.
『知의 현장』, 경당

골드버그, 나탈리, 한진영 (옮김), 2010. 『글 쓰며 사는 삶:
작가적인 삶을 위한 글쓰기 레슨』, 페가수스

구보타 기소우, 고선윤 (옮김), 2014.『손과 뇌』, 바다출판사

그래프턴, 앤서니, 강주헌 (옮김), 2021.『편지 공화국』, 21세기북스

노마 히데키, 김진아·김기연·박수진 (옮김), 2011.『한글의 탄생: 문자라는 기적』, 돌베개

다케우치 요우, 최선임 (옮김), 2010.『세계 명저 사회학 30선』, 지식여행

러시코프, 더글라스, 박종성·장석훈 (옮김), 2014.『현재의 충격』, 청림출판

로젠, 크리스티, 이영래 (옮김), 2024.『경험의 멸종: 기술이 경험을 대체하는 시대, 인간은 계속 인간일 수 있을까』, 어크로스

르페브르, 앙리, 박정자 (옮김), 2005.『현대세계의 일상성』, 기파랑에크리

맥루한, 마샬, 박정규 (옮김), 2001.『미디어의 이해』, 커뮤니케이션북스

모키르, 조엘. 김민주·이엽(옮김), 2018.『성장의 문화 – 현대 경제의 지적 기원』, 에코리브르

무라카미 하루키, 임윤옥 (옮김), 2016.『직업으로서의 소설가 – 무라카미 하루키 자전적 에세이』, 현대문학

뭉크, 헤라르도·리처드 스나이더(인터뷰), 정치학 강독 모임 (옮김), 2012a.『그들은 어떻게 최고의 정치학자가 되었나 2』, 후마니타스, 인터뷰 09: 제임스 스콧 "농민과 권력, 그리고 저항의 기술"

뭉크, 헤라르도·리처드 스나이더(인터뷰), 정치학 강독 모임 (옮김), 2012b. 『그들은 어떻게 최고의 정치학자가 되었나 3』, 후마니타스, 인터뷰 15: 테다 스카치폴 "국가와 혁명, 그리고 비교 역사적 상상력"

밀러, 로라 J., 박윤규·이상훈 (옮김), 2014. 『서점 VS 서점 – 미국의 도서판매와 소비문화의 역사』, 한울아카데미

바르트, 롤랑, 김웅권 (옮김), 2007. 『글쓰기의 영도』, 동문선

배런, 나오미, 전병근 (옮김), 2023. 『다시, 어떻게 읽을 것인가: 종이에서 스크린, 오디오까지 디지털 전환 시대의 새로운 읽기 전략』, 어크로스

배런, 나오미, 배동근 (옮김), 2025. 『쓰기의 미래: AI라는 유혹적 글쓰기 도구의 등장, 그 이후』, 북트리거

버거, 피터 L., 노상미 (옮김), 2012. 『어쩌다 사회학자가 되어』, 책세상

버거, 피터 L., 김광기 (옮김), 2023. 『사회학으로의 초대 – 인간주의적 시각』, 문예출판사

베르제, 자크, 문성욱 (옮김), 2024. 『공부하는 인간: 중세 후기 유럽의 식자들』, 인다

베버, 막스, 전성우 (옮김), 2006. 『직업으로서의 학문』, 나남출판

베이그, 바브라, 박병화 (옮김), 2011. 『하버드 글쓰기 강의』, 에쎄

베커, 하워드 S., 이성용·이철우 (옮김), 1999. 『사회과학자의 글쓰기: 책이나 논문을 쓸 때, 어떻게 시작하고 어떻게 끝낼 것인가?』, 일신사

벤야민, 발트, 김정아(옮김), 2025. 『이야기꾼 에세이』, 현대문학

부르디외, 피에르, 김현경(옮김), 2020. 『언어와 상징권력』, 나남

블라우, 사녀, 노태복 (옮김), 2022. 『위험한 숫자들 - 숫자는
　　어떻게 진실을 왜곡하는가』, 더퀘스트

비아세톤, 프란체스카, 이예린(옮김), 2022. 『손글씨 찬가』, 항해

스기모토 쓰토무, 이건상 (옮김), 1997. 『일본어 문화사』, 소화

스탠리, 에이미, 2022. 『에도로 가는 길』, 생각의 힘

스콧, 제임스, 전상인 (옮김), 2010. 『국가처럼 보기 - 왜 국가는
　　계획에 실패하는가』, 에코리브르

Scott, James C., 김훈 (옮김), 2014. 『우리는 모두 아나키스트
　　다』, 여름언덕

스콧, 제임스, 전상인(옮김), 2020. 『지배, 그리고 저항의 예술-
　　은닉대본』, 후마니타스

쉴러, 로버트 J., 박슬라 (옮김), 2021. 『내러티브 경제학 - 경제
　　를 움직이는 입소문의 힘』, RHK

아리스토텔레스, 박정자 (번역·해설), 2013. 『스토리텔링의 비밀
　　이 된 아리스토텔레스의 시학』, 인문서재(기파랑)

알렉산더, 제프리 C., 박선웅 (옮김), 2007. 『사회적 삶의 의미 -
　　문화사회학』, 한울아카데미

야마모토 다카미쓰, 지비원 (옮김), 2023. 『그 많은 개념어는
　　누가 만들었을까: 서양 학술용어의 번역과 근대어의 탄
　　생』, 메멘토

앤더슨, 베네딕트, 서지원 (옮김), 2018. 『상상된 공동체 – 민족주의의
　　　기원과 보급에 관한 고찰』, 길

앨틱, 리처드 D., 이미애 (옮김), 2011. 『빅토리아 시대의 사람들과
　　　사상』, 아카넷

앨런, 롤런드, 손성화 (옮김), 2025. 『쓰는 인간』, 상상스퀘어

에코, 움베르토, 김운찬 (옮김), 1994. 『논문 잘 쓰는 방법』, 열린책들

오닐, 캐시, 김정혜 (옮김), 2017. 『대량살상 수학무기』, 흐름출판

오스틴, J. L., 김영진 (옮김), 1992. 『말과 행위』, 서광사

오웰, 조지, 이한중 (옮김), 2010. 『나는 왜 쓰는가』, 한겨레출판

옹, 월터 J., 이기우·임명진 (옮김), 1995. 『구술문화와 문자문
　　　화』, 문예출판사

우치다 타츠루, 이경덕 (옮김), 2010. 『푸코, 바르트, 레비스트로
　　　스, 라캉 쉽게 읽기 – 교양인을 위한 구조주의 강의』, 갈
　　　라파고스

우치다 다쓰루, 김경원 (옮김), 2018. 『어떤 글이 살아남는가』,
　　　원더박스

이연숙(李燕淑), 고영진·임경화 (옮김), 2006. 『국어라는 사상』,
　　　소명출판

장, 조르주, 이종인 (옮김), 1995. 『문자의 역사』, 시공사

젠슨, 졸리, 임지연 (옮김), 2022. 『공부하는 사람을 위한 글쓰기』,
　　　한겨레출판사

조, 그레이스(Grace M. Cho), 주해연 (옮김), 2023. 『전쟁 같은

맛』, 글항아리

진서, 윌리엄, 이한중(옮김), 2025(개정판). 『글쓰기 생각쓰기:
    좋은 글은 어떻게 만들어지는가』, 돌베개

짐멜, 게오르그, 김덕영·윤미애 (옮김), 2005. 『짐멜의 모더니티
    읽기』, 새물결

츠바이크, 스테판, 2012. 『위로하는 정신 – 체념과 물러섬의 대
    가 몽테뉴』, 유유

커밍스, 브루스, 한영옥 (옮김), 2004. 『대학과 제국 – 학문과 돈,
    권력의 은밀한 거래』, 당대

콜린스, 랜들, 진수미 (옮김), 2009. 『사회적 삶의 에너지』, 한울

콜린스, 랜들, 김승욱 (옮김), 2014. 『사회학 본능』, 알마

킹, 스티븐, 2013. 『유혹하는 글쓰기』, 김영사

티어노, 마이클, 김윤철 (옮김), 2008. 『스토리텔링의 비밀 –
    아리스토텔레스와 영화』, 아우리

틸리, 찰스, 최지원 (번역), 2025. 『왜의 쓸모 – 관계와 힘의
    구조를 파악하는 네 가지 프레임』, 유유

페니베이커, 제임스 W., 존 F. 에반스, 이봉희 (옮김), 2017.
    『표현적 글쓰기』, 그린비출판사

포스트먼, 닐, 홍윤선 (옮김), 2020. 『죽도록 즐기기』, 굿인포메이션

푸코, 미셸, 이정우 (옮김), 1992. 『지식의 고고학』, 민음사

푸코, 미셸, 심세광 (옮김), 2007. 『주체의 해석학』, 동문선

푸코, 미셸, 허경 (옮김), 2021. 『상당한 위험 – 글쓰기에 대하여』, 그린비

한병철, 최지수 (옮김), 2023. 『서사의 위기 – 스토리 중독사회는 어떻게 도래했는가』, 다산초당

Abbott, Andrew, 1991. "The Order of Professionalization: An Empirical Analysis", *Work and Occupations* 18(4)

Abbott, Andrew, 2004. *Methods of Discovery: Heuristics for the Social Sciences*, W. W. Norton & Co.

Abbott, Andrew, 2014. *Digital Paper: A Manual for Research and Writing with Library and Internet Materials*, Univ. of Chicago Press

Anderson, Benedict, 1983. *Imagined Communities: Reflections on the Origin and Spread of Nationalism*, Verso

Becker, Howard S., 1986. *Writing for Social Scientists: How to Start and Finish Your Thesis, Book, or Article*, University of Chicago Press.

Becker, Howard S., 1998. *Tricks of the Trade: How to Think About Your Research While You're Doing It*, University of Chicago Press.

Berger, Peter L., 1997. *Redeeming Laughter: The Comic*

Dimension of Human Experience. Walter de Gruyter.

Becker, Howard S., 2007. *Telling About Society*. University of Chicago Press.

Burawoy, Michael, 2005. "For Public Sociology". *American Sociological Review* 70(1)

Camerer, Colin, George Loewenstein, Martin Weber, 1989. "The Curse of Knowledge in Economic Setting: An Experimental Analysis", *Journal of Political Economy* 97(5)

Collins, Randall, 1994. *Four Sociological Traditions*, Oxford Univ. Press

Collins, Randall, 1998. *The Sociology of Philosophies: A Global Theory of Intellectual Change*, The Belknap Press of Harvard Univ. Press

Crane, Diana, 1972. *Invisible Colleges: Diffusion of Knowledge in Scientific Communities*, Univ. of Chicago Press

Doyle, Charles C., Wolfgang Hieder, Fred R. Shapiro (eds.), 2012. *The Dictionary of Modern Proverbs*, Yale Univ. Press

Farrell, William J., 1992. "The Power of Writing", *The WAC Journal* 3(2)

Grafton, Anthony, 1997. *The Footnote: A Curious History*, Harvard Univ. Press

Henslin, James M., 1999. *Down to Earth Sociology*, The Free Press

Kramer, John, 1979. "Images of Sociology and Sociologists in Fiction", *Contemporary Sociology* 8(3)

McCloskey, Donald N., 1983. "The Rhetoric of Economics", *Journal of Economic Literature* 21(2)

Marx, Gary T., 1997 "Of Methods and Manners for Aspiring Sociologists: 37 Moral Imperatives", *The American Sociologist* 28(1)

Mills, C. Wright, 1959. *The Sociological Imagination*, Penguin

Nisbet, Robert, 1976. *Sociology As an Art Form*, Oxford Univ. Press

Rueschemeyer, Dietrich, 1986. *Power and the Division of Labor*, Stanford Univ. Press

Said Edward W., 1995. *Orientalism: Western Conceptions of the Orient*, Penguin

Sapir, Edward, 2012. *Language: An Introduction to the Study of Speech*, Andrew UK Limited

Skocpol, Theda, 1984a. "Sociology's Historical

Imagination", T. Skocpol (ed.), *Vision and Method in Historical Sociology*, Cambridge Univ. Press

Skocpol, Theda, 1984b. "Emerging Agendas and Recurrent Strategies in Historical Sociology", T. Skocpol (ed.), *Vision and Method in Historical Sociology*, Cambridge Univ. Press

Weber, Max, 1963. *The Sociology of Religion*, Beacon Press

색인

글쓰기 사회학,
사회학 글쓰기

1판 1쇄 발행 | 2026년 2월 10일

지은이 | 전상인
펴낸이 | 박정자

펴낸곳 | 도서출판 기파랑
등 록 | 2004. 12. 27 제300-2004-204호
주 소 | 서울시 종로구 대학로8가길 56 동숭빌딩 301호   우편번호 03086
전 화 | 02-763-8996 편집부 02-3288-0077 영업마케팅부
팩 스 | 02-763-8936
이메일 | guiparang_b@naver.com

ISBN 978-89-6523-463-0   03300

이 책은 방일영문화재단의 지원을 받아 저술·출판되었습니다.